자아정체성 향상에 도움을 주는

태극을 통한
자존감 회복

워크북

자아정체성 향상에 도움을 주는

태극을 통한
자존감 회복

김홍래 지음

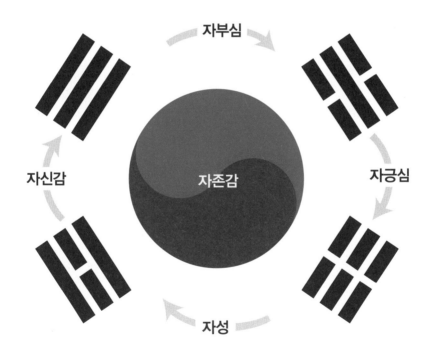

지식공감

자아정체성에 향상에 도움을 주는
'태극을 통한 자존감 회복'에
관심을 가지신 여러분 환영합니다.

   현재의 화두는 인공지능, 사물인터넷, 빅 데이터 등 첨단 정보통신 기술이 경제, 사회 전반에 융합되어 나타나는 혁신적인 변화 즉 4차 산업혁명이다.

   '지능화'와 '융합'으로 생산성의 혁신, 노동환경과 삶의 양식변화로 인간의 삶을 더욱 편리하게 되었다. 하지만 급격한 만물초지능 기술의 발달로 기술격차 확대, 일자리 문제, 인간소외 현상 등에 대한 문제도 생기고 있다. 이 중 인공지능이나 로봇의 발달은 인간의 노동력을 대체하면서 대량의 실업자를 발생시키며 개인과 개인의 대면이 줄어들어 생기는 인간소외 현상으로 사회성 결여, 나아가 인격의 결여를 통해 윤리적·도덕적 측면의 사회문제를 초래할 수 있다.

   이에 올바른 인성을 갖춘 시민을 육성하여 국가사회의 발전에 이바지함을 목적으로 하는 인성교육진흥법이 시행되어 교육에 반영되고 있으며 또한, 중학교 과정 중 한 학기 동안 학생들이 시험 부담에서 벗어나 꿈과 끼를 찾을 수 있도록 토론·실습 등 학생 참여형으로 수업을 개선하고, 진로 탐색 활동 등 다양한 체험 활동이 가능하도록 교육과정을 유연하게 운영하는 자유학기제가 있다.

까까학기제 사춘기 청소년들이 자기중심적이고 낮은 자존감과 무관심으로 발생할 수 있는 부분을 최소화하고, 건강한 성인으로 성장하도록 돕는 프로그램이다. 자신만의 고유한 특성, 자신의 소중함, 더불어 사는 사회의 일원임을 인지하여 학교 및 사회에 제대로 적응하는 생활을 할 수 있도록 하는 프로그램이며 현장에서는 일부 진행 중이다.

본 저자는 이러한 요구 충족을 위하여 다년간 사회 및 학교 현장에서 학생 인성교육에 관하여 생각하고 고민하는 많은 사람과 정보를 공유하면서 '폴리태극 리더십'을 만들었으며 더욱 체계화하여 「태극을 통한 자존감 회복」 프로그램으로 보완하였다.

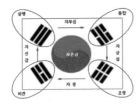

태극기는 한국인 정체성의 상징으로서 자부심, 자긍심을 통해 자아정체성 즉 자존감이라고 볼 수 있다.

태극을 통한 자존감 회복 프로그램은 국외교포, 다문화 한국인 등 모두를 대상으로 공동의 정체성 확립을 위해

6

태극기에서 음양·사괘의 개념과 태극원리를 바탕으로 구성되어 있다.

이 프로그램의 목적은

① Why do I exist? (태극의 원리를 알고, 자기 존재감을 확립)

② Who am I? (자신만의 고유한 특성을 인지하고 수용)

③ What can I do? (꿈과 목표를 찾고, 자신의 브랜드를 만들기)

④ How can I do? (태도와 행동을 설정하고 실천하기)이다.

이 Work Book은 자아 성찰, 자신감, 자부심, 자긍심의 순환 사이클을 통하여 자존감을 향상하는 것으로 자아정체성이 확립되는 시기의 청소년이 태극(기)과 자존감에 관하여 함께 생각하고 실행함으로써 학습의 즐거움, 자기 주도적 학습, 개성과 강점 발견, 협력과 소통 등의 경험을 통하여 건전한 학교생활과 건강한 사회생활 그리고 행복한 삶을 영위하는 주체가 될 수 있도록 설계되었다.

특히 자유학기제를 운용하는 관계자들에게 이 Work Book이 유용하고 효과적인 인성교육 프로그램으로 활용되어 청소년들이 자신의 주관을 뚜렷하게 세우고 주도적인 삶을 살아갈 수 있게 되기를 간절히 소망한다.

 자존감 사전진단

체/크/리/스/트

자신에게 해당하는 것에 'O' 표시하시오.

(거의 그렇다(5점), 꽤 그런 편이다(4점), 보통(3점), 그렇지 않다(2점), 거의 그렇지 않다(1점))						
1	당신은 평소에 기쁨의 삶을 누리는가?	5	4	3	2	1
2	당신은 다른 사람들 못지않게 많은 일을 해낼 수 있는 능력이 있는가?	5	4	3	2	1
3	당신은 다른 사람들만큼이나 행복한 삶을 누리는가?	5	4	3	2	1
4	당신이 남성 또는 여성인 것에 만족하는가?	5	4	3	2	1
5	당신이 알고 있는 부분의 사람들은 당신을 좋아한다고 느끼는가?	5	4	3	2	1
6	당신이 중요한 과제나 과업을 시도할 때 보통 성공하는 편인가?	5	4	3	2	1
7	당신은 스스로가 중요한 인물이라고 생각하는가?	5	4	3	2	1
8	당신은 남 못지않게 건강하고 튼튼한가?	5	4	3	2	1
9	당신은 무슨 일을 시도할 때 주도권을 잡는 능력이 뛰어나다고 생각하는가?	5	4	3	2	1
10	당신은 당신의 일에 신념을 가지고 있는가?	5	4	3	2	1
11	당신은 정직하고 솔직한가?	5	4	3	2	1
12	당신의 감정 상태는 늘 평화로운가?	5	4	3	2	1
13	낯선 환경에서도 잘 적응하는가?	5	4	3	2	1
14	당신의 감정 상태를 잘 표현하는가?	5	4	3	2	1
15	당신의 생각을 잘 표현하는가?	5	4	3	2	1
16	당신은 타인의 생각이나 감정을 잘 이해하는가?	5	4	3	2	1
17	당신은 당신과 관계되는 모든 사람에게 유익이 되도록 애쓰는가?	5	4	3	2	1
18	당신은 인격자로서 행동하려고 애쓰며 품위를 소중히 여기는가?	5	4	3	2	1
19	당신은 매사에 자신이 있으며 적극적으로 생각하는가?	5	4	3	2	1
20	당신은 평화를 사랑하고 정의를 소중하게 생각하는가?	5	4	3	2	1
점수 합계						

8

오프닝 (인터뷰 시간)

나에 대해 궁금합니다?

1. 성함이 무엇입니까? / 혹시 별명은?

   어떻게 그런 별명을 얻으셨습니까?

_____

_____

2. 고향은? / 고향의 자랑거리나 특성은 무엇입니까?

_____

_____

3. 가장 기억에 남는 휴가나 여행은?

_____

_____

4. 지금까지 살아오면서 가장 힘들었던 시기는 언제였으며(어떤 일이
   있었는지), 그것을 어떻게 극복했습니까?

_____

_____

5. 가장 갖고(소유) 싶은 것은? / 왜 갖고(소유) 하고 싶으세요?

_____

_____

6. 20년 후에 어떤 모습이 되고 싶습니까?

_____

_____

학습 목표

태극과 태극의 원리를 이해하고 대한민국 사람으로서 자존감을 향상하자.

01
태극을 통해 본 자존감

(1) 태극기와 자존감

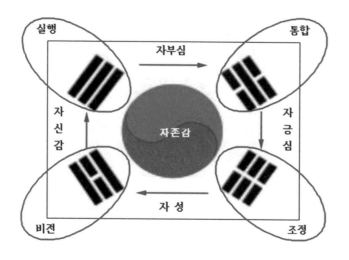

우리는 항상 태극기를 접하고 산다. 각종 행사, 집회, 경축일 등에는 전 국민이 국기를 게양하고 공동체는 의식을 거행하며 모두가 그 뜻을 기린다.

특히 올림픽에서 메달을 수여할 시 애국가와 함께 국기가 올라갈 때 우리는 함께 축하하며 눈물을 흘린다. 이렇듯 태극기를 볼 때 우리는 경이로움과 뿌듯한 마음이 드는 이유는 무엇일까?

바로 태극기는 우리나라를 상징하는 국기로 우리의 자존감의 상징이기 때문이다.

(2) 태극기 이해하기

태극기

◆ 태극기란

①

②

③

◆ 음양

◆ 4괘

① 이 :

② 건 :

③ 감 :

④ 곤 :

태극기 그리기

◆ 태극기 그리기

태극기를 검색해 보고 종이에 태극기를 그려보자

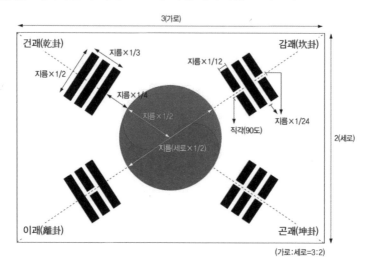

태극기에 대한 나의 느낌은?

1.

2.

3.

4.

5.

우주의 음양

◆ 물질과 에너지

우리가 사는 세상은 눈에 보이고 만질 수 있는 물질(음)과 눈에 보이지 않고 만질 수 없는 에너지(양)가 존재한다.

지속해서 양의 에너지는 물질을 움직이고 음의 물질은 에너지를 생산한다.

마찬가지로 인간의 정신은 항상 육체를 움직이고 반면에 육체는 정신을 키우고 있다.

태극이란?

자연의 뿌리는 평등이다. 평등이란 그냥 내버려 두면 저절로 생기는 것으로 뜨거운 것이 있으면 차가운 것이 있고, 큰 것이 있으면 작은 것이 있고, 여자가 있으면 남자가 있고, 밝은 것이 있으면 어두운 것이 있는 법이다.

다시 말해 세상을 구성하는 모든 것은 혼자서(독립적으로)는 존재할 수 없고 반드시 서로 의존하여 존재한다. 즉, 뜨거움이라는 개념이 없다면 차가움이라는 의미는 존재가치가 없다. 또 작은 것이라는 개념이 없으면 큰 것이라는 개념 또한 존재할 수가 없는 것을 말한다.

다시 말해 하나의 사물이 존재하면 그 반대도 반드시 존재한다는 뜻으로 평등하기 때문이다.

그렇게 보면 세상의 모든 그것은 두 부류로 나누어져 있는데 하나는 양이고 또 하나는 음이다. 이 음과 양이 서로 질서화된 상호작용을 통하여 지속해서 변화하는 상태를 태극이라 한다.

태극의 원리

1) 상호대립·의존 (相互對立·依存)
2) 상호소장·전화 (相互消長·轉化)
3) 분화법칙 (分化法則)
4) 체용법칙 (體用法則)

1) 상호대립·의존 (相互對立·依存)

상호대립: 상반되는 것으로 음양의 가장 기본적인 것이다. 고저, 상하, 많고 적음, 증감, 양성이나 음성, 남자와 여자, 낮과 밤, 미움과 사랑, 선과 악 등 이 세상 모든 것은 서로 대립하고 있다.

상호의존: 음은 양을, 양은 음을 의존한다. 모든 것이 반대되는 것 없이는 아무것도 존재할 수 없으며 그 반대되는 것에 의존한다. 동물과 식물은 서로 의존하는데 녹색식물은 이산화탄소와 물을 재료로 빛에너지를 이용하여 탄수화물과 같은 유기물을 합성하고 산소를 방출하며 동물은 탄수화물과 산소를 생명의 원리로 이산화탄소를 배출한다.

2) 상호소장·전화 (相互消長·轉化)

상호소장: 음과 양은 서로 소모하며 도와주고 있다. 음양의 상대적인 힘도 상호의존 된다. 양이 강해지면 음이 소모되어 약해지고 그 반대로 음이 강해지면 양이 소모되어 약해진다. 등(태극)에서 기름은 실체적인 성질을 갖고 있으므로 음이고 불은 양이다. 불은 기름을 소모하여 커지고 기름은 태양의 불길을 소모하여 만들어진다.

상호전화: 음과 양은 서로 규정하고 소모하며 도와주는 것뿐만 아니라 서로 변화하고 있다. 음과 양은 '이것에서 저것으로' 소모하고 교환한다. (에너지↔물질)

아인슈타인은 에너지와 물질이 서로 변화한다는 것을 발견했다. 전자는 어느 때는 입자(음)로 다를 때는 파동(양)으로 행동하는 듯해서 전자의 위치를 측정하려고 하면 전자의 속도를 결정할 수 없었다. 양자물리학에서는 음과 양이 너무 빠르게 변화되어 고정될 수 없다는 것을 발견했다. 이것이 바로 주역에서 변화의 원리다. 낮과 밤, 달이 차고 기우는 것, 사계절 등이 변화의 예이다.

3) 분화법칙 (分化法則)

분화법칙: 무엇이든 간에 음이나 양으로 보이든 간에 항상 음과 양은 계속해서 더 나눌 수 있다는 것이다. 우주의 모든 것은 순수한 음이나 양은 없다.

모든 것은 음양의 성분을 가지고 있다. 낮과 밤을 예로 들면 낮은 양이지만 일출에서 정오, 정오에서 황혼으로 나눌 수 있는데 일출에서 정오는 양 중의 양으로 정오에서 황혼은 양 중의 음으로 간주한다. (무극, 태극, 4괘, 8괘, 64괘)

4) 체용법칙 (體用法則)

체용법칙: 어느 물체가 음인지 양인지 관찰자의 기준에 따라 달라진다. 한 물체를 양의 위치에서 보면 음이 되었다가 음의 위치에서 보면 양이 된다.

남(양) 녀(음) - 성기 기준
남(음) 녀(양) - 유방 기준

※ 체용론: 형체와 작용이 음양을 달리하는 법칙으로 형체는 움직이지 않고 눈에 잘 보이기 때문에 음이지만 작용은 움직이고 형체보다는 잘 보이지 않기 때문에 양이다.

태극의 원리 4가지를 인간의 삶 속에서 살펴보자!

(4) 자존감

태극프로그램은 자아 성찰→자신감→자부심→자긍심이 순환되면서 자존감이 형성되고 향상된다.

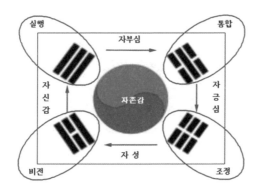

내면의 자아와 소통하는 것

자신 스스로 자신의 능력을 믿음으로써
가지게 되는 당당한 마음

내가 가지고 있는 능력을 인정하고 믿는 것

자기 자신 또는 자기와 관련된 것에 대하여
스스로 그 가치나 능력을 믿고
당당히 여기는 마음

자존감이란?

> 살면서 부딪히는 각종 문제를
> 자신이 해결할 수 있고
> 자신은 행복을 누릴 가치가 있다고
> 믿는 경향이다. [사전적 정의]

우리는 다음 질문에 대한 답을 찾아보자

살기 위해 먹는가? / 먹기 위해 사는가?

살기 위해 잠을 자는가? / 잠자기 위해 사는가?

살기 위해 공부하는가? / 공부하기 위해 사는가?

왜! 사는가?

자존감을 간단하게 정의한다면

Self-esteem: 생존 + 가치

생존: 3억분의 1의 생존경쟁과 탄생

 사람은 남자와 여자의 결합으로 탄생한다. 남자의 3억 마리 정자 중
하나와 주기적으로 배란하는 난자의 위대한 만남에 의해 소중한 생명
이 잉태된다. 잉태 자체는 험난한 질주와 무한 경쟁 속에서 가장 강인
하고 건강한 개체의 결합이다.

〈비디오 시청〉

 * YouTube「EBS 클립뱅크(Clipbank) − 아기의 탄생(The Birth of a Baby)」

 🎧 시청 후 내 느낌을 적어본다.

 누에고치에서 나방이 나온 그림이
다. 누에고치와 관련된 이야기로 어
떤 여인이 누에고치에서 나방이 나
오는 것을 보면서 나오는 모습이 안
쓰러워 잘 나올 수 있도록 입구를 벌
려 주었는데 그 나방은 10시간 정도 살다가 죽었고 스스로 자연스럽게
나온 나방은 산란하고 생을 마쳤다.

 이것이 탄생의 힘이다.

 인간은 어떠할까?

가치
·········

'저승사자'방문

이 세상에 살아야 할
이유 세 가지 ?

**"그 무엇 때문에 내가 당신을
이 세상에 좀 더 놔둘 필요가 있다는 건지
그 이유를 설명해 보세요."**

- 리아 루프트의 '잃는 것과 얻는 것' 중에서 (21세기북스) -

🎧 저승사자 방문 시 나의 답은 무엇인가?

(살아야 할 이유 3가지)

①

②

③

자존감을 높이는 방법

(나다니엘 브랜든)

1. 자신이 무엇을 하고 있는지 인식하며 산다
2. 자신을 있는 그대로 인정한다.
3. 자신의 선택과 행동에 책임을 진다.
4. 자신의 의견을 당당히 드러낸다.
5. 목적을 가진 삶을 산다.
6. 정직한 인격을 갖추도록 노력한다.

자신만의 자존감을 높이는 방법을 적어보자.

02
자신만의 고유특성 이해하기

태극이 음과 양으로 이루어지듯이 의식 또한 의식과 무의식으로 구성된다.

양	태극	음
leader	팀	follower
의식	의식	무의식
마음	사람	몸
부모	가정	자식
스승	학교	제자
목사, 신부	교회	신자

의식이란?

의식이란 '인간 행동의 숨겨진 결정인자'로 말과 행동 그리고 밝고, 어두운 감정의 뿌리를 의식이라고 한다.

의식의 밝기

〈비디오 시청〉

* YouTube 「조혜련 의식 레벨 특강」

(미 콜롬비아대 데이비드 호킨스, 20년간 임상실험)

	의식 밝기 (LUX)	의식수준	감정	자기에 대한 관점
	700-1000	깨달음	언어이전	-
	600	평화	지복	완벽한
	540	기쁨	평온	완전한
POWER (밝은 의식)	500	사랑	경외	온건한
	400	이성	이해	의미 있는
	350	수용	용서	조화로운
	310	자발성	낙관주의	희망적인
	250	중립	신뢰	만족스러운
의식의 전환점 →	200	용기	긍정	실행할 수 있는
	175	자존심	경멸	요구가 많은
	150	분노	미움	적대하는
	125	욕망	갈망	실망스러운
	100	두려움	불안	겁나는
FORCE (어두운 의식)	75	슬픔	후회	비극적인
	50	무 감정, 증오	절망	희망 없는
	30	죄의식	비난	악
	20	수치심	치욕	가증스러운

POWER AND FORCE

밝은 의식과 어두운 의식의 차이는 다음과 같다.

POWER	FORCE
잠재력의 힘	억지의 힘
자발적 동기부여 리더십	강압적인 동기부여 리더십
평화적 에너지 (Power of Love)	폭력적 에너지 (Army Force)
생기	살기
긍정적인 감정, 생각, 행동, 결과	부정적인 감정, 생각, 행동, 결과
성공하는 삶	실패하는 삶

역사 속 인물의 의식 밝기

예수, 부처	→	1000	장자	→	595
모세	→	910	공자	→	590
간디	→	760	마틴 루터	→	580
마더 테레사	→	710	달라이라마	→	570
노자	→	610	소크라테스	→	540

의식과 무의식

(미 콜롬비아대 데이비드 호킨스, 20년간 임상실험)

의식 밝기 (LUX)	의식수준	감정	자기에 대한 관점
700-1000	깨달음	언어이전	깨달음의 삶
600	평화	하나	
540	기쁨	감사	사랑이 가득한 삶
500	사랑	존경	
400	이성	이해	
350	포용	용서	
310	자발성	낙관주의	긍정적인 삶
250	중립	신뢰	
200	용기	긍정	
175	자존심	경멸	
150	분노	미움	
125	욕망	갈망	
100	두려움	근심	부정적인 삶
75	슬픔	후회	
50	무 감정, 증오	절망	
30	죄의식	비난	
20	수치심	치욕	

POWER (밝은 의식)

의식의 전환점 →

FORCE (어두운 의식)

의식은 밝은 의식, 무의식은 어두운 의식으로,

의식의 전환점은 자존심 단계를 지나 용기 단계인 200레벨이다.

우리는 위 그림에서 보는 바와 같이 Force 단계에서 용기(200), 중립(250), 자발성(310) 등 Power 단계로 무의식화함으로써 긍정적인 삶을 살 수 있다.

우리말 속의 의식

의식 밝기 (LUX)	의식수준	감정	자기에 대한 관점	모음 레벨
700-1000	깨달음	언어이전	깨달음의 삶	아!
600	평화	하나		
540	기쁨	감사	사랑이 가득한 삶	어!
500	사랑	존경		
400	이성	이해	긍정적인 삶	오!
350	포용	용서		
310	자발성	낙관주의		
250	중립	신뢰		
200	용기	긍정		
175	자존심	경멸	부정적인 삶	우! 으! 이!
150	분노	미움		
125	욕망	갈망		
100	두려움	불안		
75	슬픔	후회		
50	무감정, 증오	절망		
30	죄의식	비난		
20	수치심	치욕		

(미 콜롬비아대 데이비드 호킨스, 20년간 임상실험) (한글)

POWER (밝은 의식)

의식의 전환점

FORCE (어두운 의식)

즐검

힘듬

우리말의 아! 어! 오! 우! 으! 이! 등이 있다.

아! 는 무엇인가 깨달았을 때

어! 는 사랑이 가득한 상태

오! 는 긍정적일 때

우! 는 경기장에서 야유의 소리이고

으! 이! 는 화가 나고 억울할 때 참는 소리로

우리는 어떠한 말을 사용해야 할까!!

의식의 전환

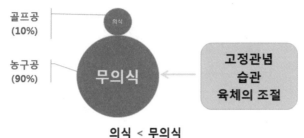

의식 < 무의식
나 이거 할래 -- 하던 대로 해
잘해보자, 바꿔보자 -- 하던 대로 해, **싫어**

의식(10%)이 골프공이라면 무의식(90%)은 농구공으로 모든 고정관념, 습관을 저장하고 표현하는 자동화 시스템이다.

의식은 한 번에 1가지 생각을 하는데 무의식은 자신이 가지고 있는 정보를 바탕으로 오만가지 생각을 한다.

의식은 주인으로 무의식을 지배하고 무의식은 종으로 의식에 지배되지만, 무의식의 힘이 크고 관습화되어 있어 무의식이 바뀌기는 쉽지 않다.

어떻게 하면 의식이 원하는 대로 무의식이 따를 수 있을까?
• 의식의 호감, 비호감 판단, 몰입 여부 → 무의식 영향 큼
• 의식의 결정에 무의식이 진심으로 따를 때 → 변화(몰입!)
• 무의식 상에서 판단된 비호감을 호감으로 → 몰입의 작업
• 무의식을 바꾸는 힘은 슈퍼의식(초의식)에 존재함!

가위바위보 게임 (각 5회)

방법 1) 전통적 가위바위보로 이긴 사람이 손등을 때린다
   2) 전통적 가위바위보로 진 사람이 손등을 때린다
   3) 가위(2), 바위(1), 보(5)로 두 사람의 합을 먼저 말하고 손등을 때린다

1. 가위바위보 게임을 통해 의식과 무의식 차이를 생각해보자

2. 무의식화된 행동들이 무엇이 있는지 생각해보자.

3. 어떻게 하면 무의식화할 수 있을까?

4상 체질

4상 체질은 태양인, 소양인, 태음인, 소음으로 구분되는데 태극기의 4괘에서 살펴보면 다음과 같다.

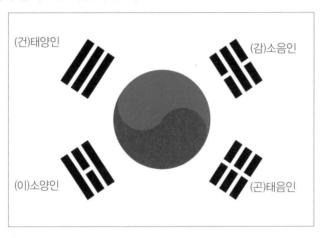

태양인은 건(☰) – 외향적, 경쟁적(일 중심)

소양인은 이(☲) – 외향적, 지원적(사람 중심)

태음인은 곤(☷) – 내향적, 지원적(사람 중심)

소음인은 감(☵) – 내향적, 경쟁적(일 중심)으로 크게 분류 할 수 있다

 4상 **체질검사**

체질검사 (자신과 가장 가깝고 생각되는 곳에 'V'를 하시오)

특성	1	2	3	4
체중	표준	표준	표준이상	표준 이하
체격	통통	보통, 단단함	큰 편	날씬함
땀	보통	수면 시 많이 남	많이 남	거의 안 남
물 마시기	보통	보통	좋아함	싫어함
인상	매서운 눈빛	날카로움	둥근 편	가름함
걸음걸이	성큼성큼	흔들거림	의젓함	자연스러움
성격	통이 큼	즉흥적	엉큼	여성적
음식	채소	밥	육식, 밀가루	생선제외
식습관	해산물	차가운	얼큰한	뜨거운
목소리	우렁참	톤 쉽게 높아짐	탁함, 부드러움	작고 조용
잠	일찍 잠	일찍 일어남	어디서나 잘 잠	잘 들기 어려움
술	주정꾼	빨리 취함	분위기 파	호주가
대인관계	한번 만나면 십년지기	잘해주고 욕먹는 편	원만	오래된 친구만 좋음
심리	변덕이 심함	아부를 못 함	형식을 좋아함	치밀, 꼼꼼
동물비유	호랑이	말	소	사슴
이미지	방종	자신만만	탐욕	무기력
약점	잘 토함	허리 약함	가슴 두근거림	한숨 많다
가치	술	사랑	돈	지위
사회성	만사태평	중간 유지	협상 잘함	잘 어루만져 줌
생활	시원하다	부지런하다	게으르다	꼬물거린다
계	☰ ( )	☳ ( )	☲ ( )	☶ ( )

4상 체질 이해

태양인: 외적으로 머리가 크다. 내적으로 매사에 일을 급하게 서둘러 조바심을 내는 마음을 갖고 있다. 항상 여유를 갖고 느긋하게 행동하면 간혈 기능이 좋아져 몸이 편해지지만 그렇지 않으면 건강을 해치게 된다. 따라서 항상 겸손한 마음으로 매사에 대처하도록 수행해야 한다. 심욕은 남을 배려하지 않고 자기 멋대로 하려고 한다. 따라서 태양인은 과단성 있는 지도자로 볼 수 있지만, 거침없이 행동하며 실수를 해도 반성하지 않고 오히려 자기 합리화에 능하므로 평소 수양에 힘써야 한다.

태음인: 외적으로 배와 허리가 발달한 사람으로 어깨와 엉덩이와 비교하면 허리의 잘록함이 없다. 내적으로 자기 것은 잘 지키지만 새로운 것을 개척하기를 꺼린다. 평소 마음을 편안하고 조용하게 쓰면 좋지만, 조심이 지나쳐 아무것도 못 하게 되면, 두려워서 부끄러워하는 마음이 생긴다. 이 상태가 심해지면 매사에 자신이 없어지며 심장이 두근거리고 가슴이 울렁거리는 증상이 생긴다. 따라서 항상 밖을 살피면서 겁내는 마음이 없도록 수양해야 하고, 너무 즐거워하거나 너무 기뻐하는 것을 경계해야 한다. 심욕은 밖을 살피지 않고 안만 지키려 하며 많이 가지려고 한다. 자기 일을 잘 이루고 자기 것을 잘 지키는 것은 좋으나, 애착이 지나쳐 탐욕이 되는 것을 경계해야 한다. 욕심을 버리고 너그러운 마음을 가져야 한다.

소양인: 외적으로 가슴이 벌어져 있고 어깨가 크며 올라가 있다. 내적으로 일을 벌이고 수습하지 못해 항상 무슨 일이 생길까 두려워하

는 마음을 갖고 있다.

평소 마음을 편안하고 조용하게 쓰면 좋지만, 만약 두려운 마음이 생기고 점점 일에 대해 자신이 없어지며 공포가 생긴다. 이 상태가 심해지면 깜빡깜빡하는 건망증이 생기며 건강도 나빠진다. 따라서 항상 안을 살펴 두려운 마음이 없애도록 수행해야 하고, 급격히 슬퍼하거나 깊이 화를 내는 것을 경계해야 한다. 심욕은 일을 공정하게 하지 않으며 사사로운 정에 치우치기도 한다. 슬픈 일을 당하면 눈물을 많이 흘리는 경향이 있으며, 정이 이끌려 일을 그르치기 쉬우므로 항상 공정한 마음을 갖도록 노력해야 한다.

소음인: 외적으로 골반과 엉덩이가 잘 발달하여 엉덩이가 크고 다리가 굵은 편이다. 내적으로 세심하고 꼼꼼하지만, 별일도 아닌데 항상 조바심과 불안해하는 마음을 갖고 있다.

평소 마음을 느긋하게 편안하게 쓰면 소화 기능이 살아나 건강이 좋아진다. 항상 일보 전진하는 마음으로 매사에 대처하도록 수행해야 한다. 심욕은 내성적이고 소극적인 성격이 지나쳐 안일에 빠지기 쉽다. 치밀한 계획을 세우고 적극적으로 추진하면 크게 성취할 수 있는데도 소극적인 성격으로 기회를 놓치는 경우가 많다. 매사에 적극적으로 대처하는 마음을 가져야 한다.

4상 체질에 따른 행동특성

소양인(☲),태양인(☰)은 양의 성질로 빠르고 외향적이며 적극적으로 서두르며 성급하고 언행이 빠르고 변화와 다양성을 추구한다.

소음인(☵),태음인(☷)은 음의 성질로 느리며 내향적이며 소극적으로 다급하지 않고 여유가 있으며 언행이 느리고 안정과 일관성을 추구한다.

반면 소양인(☲),태음인(☷)은 사람 중심으로 지원적이며 태양인(☰) 소음인(☵)은 일 중심으로 경쟁적이다.

태양인(공격적 행동특성) - 대담함, 적극성, 모험심, 진취적
소양인(개방적 행동특성) - 사교적, 열성적, 적극적, 설득적
태음인(수용적 행동특성) - 협력적, 배려적, 지지적, 양보적
소음인(방어적 행동특성) - 치밀함, 논리성, 세심함, 정확성

건(하늘) **공격적 행동특성**
대담함, 적극성
모험심, 진취적

방어적 행동특성
치밀함, 논리성
세심함, 정확성
감(달)

경쟁적(일 중심)

서두르며
성급하다
말, 걸음걸이 빠르다
변화, 다양성 추구

*외향적, 적극적,
빠른 페이스*
환경보다 우월함

*내향적, 소극적,
느린 페이스*
환경보다 열등함

다급하지 않고
여유 있다
말, 걸음걸이 느리다
안정과 일관성 추구

지원적(사람중심)

이(해)
사교적, 열성적
적극적, 설득적

개방적 행동특성

협력적, 배려적
지지적, 양보적

수용적 행동특성
곤(땅)

체질에 따른 특성(장, 약점)

태양인	소음인
·단순, 과감, 때로는 무식, 활동적임 ·이상적인 꿈을 꾸며 낭만적임 ·한 번에 해결하는 시원한 성격 ·생각하면 행동으로 옮기는 신속성 ·갑자기 다혈질로 사람을 놀라게 하지만 뒤 끝이 전혀 없음	·일에 완벽성이 있어서 타인의 신임을 쉽게 얻을 수 있음 ·너무 침착한 나머지 실수가 없음 ·뛰어난 현실주의자, 실리주의자 ·한번 목표를 설정하면 끝을 보는 인내심
소양인	태음인
·무엇인가에 재미만 붙이면 일을 매우 잘 해내는 특성이 있음 ·연예인처럼 약간 화려함을 추구함 ·이상적이며 낭만적임 ·무엇인가를 시작하는데 주저함이 없이 시원하게 잘 해 나감	·세속에 욕심이 없어서 이상주의자라는 소리도 가끔 들음 ·타인을 도우며 기뻐하며 지원적임 ·타인이 상처받지 않도록 애씀 ·일에 있어서 다음을 걱정하는 생각과 사려 깊고 성실함

태양인	소음인
·세상을 마음대로 하려는 욕구로 인해서 자신 스스로 화가 남 ·의견 대립 시 승리욕으로 대화가 잘 이루어지지 않을 때가 있음 ·일을 너무 빨리 재촉해서 타인을 혼란에 빠트리게 할 수도 있음 ·너무 단순화시키므로 세밀한 부분에서 실수가 잦음	·자기표현이 부족해서 남이 알아주지 않아서 상처를 받기 쉬움 ·너무 자존심을 세워서 언제나 혼자 남아 외로움을 당할 수 있음 ·완벽주의자로 스트레스로 인한 질병과 타인의 부담을 살수도 있음 ·매사에 분석적이라서 인간미가 부족하다는 소리를 들을 수 있음
소양인	태음인
·말이 앞서 용두사미형으로 보여 타인의 신뢰를 잃을 수도 있음 ·대충하는 경향 때문에 문제를 끝까지 해결하지 못할 수도 있음 ·너무 창의적이다 보니 현상에 대한 분석에서 많은 실수가 초래됨 ·발산하는 성향이라서 타인의 감정을 이해하지 못하는 경향이 있음	·현실의 이익보다 너무 먼 목표를 가지므로 현실성이 모자람 ·마음에 안 들어도 홀로 많이 고민함으로 시간상 손해를 보기도 함 ·좋은 관계만 유지하려는 경향으로 일이 진행되지 않을 때가 있음 ·지나치게 수용적이어서 타인에게 이용당해 마음이 상할 수 있음

4상 체질에 맞는 음식

구분	태양인	소양인	태음인	소음인
육류	생선회, 조개	돼지고기, 오리, 해삼, 멍게, 자라, 거북이	쇠고기, 우유, 버터, 치즈	닭고기, 개고기, 양고기, 멸치, 조기, 뱀장어, 미꾸라지, 뱀
곡류	메밀	보리, 현미, 녹두, 감자	밀, 마, 콩, 고구마	쌀, 찹쌀, 된장
과일	포도, 머루, 다래, 키위, 앵두, 모과	참외, 사과, 파인애플	견과류(땅콩, 호두, 은행 율무, 잣, 해바라기 씨) 배, 매실, 살구, 자두, 수박	복숭아, 망고, 대추, 야자, 귤, 오렌지
야채	모든 야채	오이, 상추, 우엉, 씀바귀	배추, 호박, 미나리	무, 양배추, 파, 양파, 마늘, 생강
술	포도주	복분자주	맥주	고량주, 소주
차	모과차	녹차	둥굴레차, 칡차, 커피	생강차, 쌍화차, 유자차
보약	솔잎, 오가피	숙지황, 산수유	녹용, 웅담, 사향	인삼, 황기, 당귀
해로운 음식	태음인 음식	소음인 음식	태양인 음식	소양인 음식

 나의 특성평가

체/크/리/스/트

자신을 잘 묘사하는 단어에 4점, 그다음은 3점, 그다음은 2점 가장 먼 단어에 1점을 부여하시오.

No (1)–강점 (2)–약점 (3)–스트레스받으면 (4)–의사결정 (5)–속도 (6)–지향점 (7)–외모 (8)–동기 요인

No	가		나		다		라	
(1)	책임감		말재주		용서		정확성	
(2)	급한 성격		건망증		타인과 배려		스트레스	
(3)	폭발한다.		타인에게 말함		가슴속으로 운다		가슴에 새긴다	
(4)	중요한 순으로		흘러가는 대로		서로 만족하게		상황에 맞게	
(5)	매우 빨리		빨리		느리고 편안하게		천천히	
(6)	일의 성과		다양한 관계		좋은 관계		일의 순서	
(7)	간편복		신세대적		수수하게		전통적	
(8)	안정		최고		참여		칭찬	
계	⫝̸ (주도형)		⫝̸ (사교형)		⫝̸ (안정형)		⫝̸ (신중형)	

유형별 특성 알아보기

태양인(주도형) 모여라!

소양인(사교형) 모여라!

소음인(신중형) 모여라!

태음인(안정형) 모여라!

각 유형별 팀을 이루어 다음 사항을 토의하며 동질감과 다름을 찾아보자

1) 우리의 성향을 잘 나타내는 상징물
2) 우리의 성향을 가장 잘 표현하는 강령
3) 우리 성향의 일반적인 장/단점
4) 우리 성향이 좋아하거나 싫어하는 사람의 특성
5) 우리 성향이 좋아하거나 싫어하는 음식

유형별 특성

태양인(주도형)	
특성	적극적, 경쟁적, 지시적, 빠른 결정
생활 방식	과제 지향적, 변화의 주도
목표	상황을 주도함, 구속을 거부함
거부감	개인적 비판, 이용당하는 느낌
제한점	성급함, 타인의 생각, 감정에 소홀
자기 계발	느긋한 자세, 일 속도 조절, 사람의 차이 인정
관계 형성	직선적, 솔직한 대화, 요점과 결과의 제시
도움 주기	−충분한 정보를 모으고 행동하게 하라. −협력적으로 일하도록 도와라. −다른 사람의 감정, 의견에 주의를 기울이도록 도와라.

소양인(사교형)	
특성	사교적, 낙관적, 열정적, 감정 중시
생활 방식	사교 지향적, 어울리기
목표	사회적 인정
거부감	사회적 거부, 인정감의 상실
제한점	업무의 체계성 부족, 시간 관리 소홀
자기 계발	업무 체계 수립, 시간 관리, 과제와 목표 집중
관계 형성	자유로운 감정, 생각의 표출, 유쾌/다정하게
도움 주기	−논리적으로 문제에 접근하도록 하라. −의사결정에 단호한 태도를 보이자. −사실과 결과에 관심을 끌게 하라.

태음인(안정형)	
특성	협조적, 인내심, 충실함, 소극적
생활 방식	안정 지향적
목표	예측이 가능하고 안정된 상황
거부감	안정감의 상실, 변화와 모험
제한점	순서와 안정에 집착, 기존의 방식 고수
자기 계발	변화에 대비, 단호한 태도
관계 형성	진지하게 듣고 수용, 진지하게 협조 허용적 분위기
도움 주기	-정보와 방법 등을 체계적으로 설명하라. -결정을 도와라. -변화를 도와라.

소음인(신중형)	
특성	완벽주의, 정확성, 체계적, 분석적
생활 방식	일/사람에 대한 신중함, 철저함
목표	올바르고 정확한 방식
거부감	불완전한 일 처리, 자기 생각/일 처리에 대한 비난
제한점	높은 기준으로 지나친 요구, 지나친 분석/비판
자기 계발	갈등, 불완전성 수용, 사소한 일에 시간 덜 사용, 현실적 방법 고려
관계 형성	기준에 맞춤, 정확한 행동, 시간 준수, 구체적/세부적 자료의 제시
도움 주기	-데드라인을 정하라. -융통성을 갖도록 도와라. -개방적으로 행동하도록 도와라.

재미로 보는 유형별 특성

노래방에서		유형		고스톱 칠 때
마이크 잡고 주도	☞	태양인 (주도형)	☜	분위기 주도
탬버린, 분위기 살리고	☞	소양인 (사교형)	☜	얼굴에 패가 나타난다 (일명:털린 지갑)
마지못해 박수	☞	태음인 (안정형)	☜	광 팔기에 주력
노래책 끼고 노래 선곡	☞	소음인 (신중형)	☜	포커페이스

자아 구성요소와 자아 인식

◇ 자아 구성요소

자아는 자기 자신, 나를 일컫는 말로 스스로 자기 자신의 존재를 인식하고 타인과 자기 외부상황을 판단하고 행동하는 독립체이다. 자아는 자신의 내면과 외면으로 나누어 구분한다.

내면적 자아	측정하기 어려운 특징으로 적성, 흥미, 성격, 가치관 등
외면적 자아	외모, 나이 등

◇ 자아 인식

조셉과 해리라는 두 심리학자에 의해 만들어진 '조해리의 창'은 자신과 타인의 두 가지 관점을 통해 자아 인식하는 모델로 이 창을 통해 공개된 자아, 눈먼 자아, 숨겨진 자아, 아무도 모르는 자아로 나누어 볼 수 있다.

	내가 아는 나	내가 모르는 나
타인이 아는 나	공개된 자아	눈먼 자아
타인이 모르는 나	숨겨진 자아	아무도 모르는 자아

내가 아는 나 확인하기

◇ 다음과 같은 질문을 통해 '내가 아는 나' 확인하기

1) 나의 성격이나 성품은 어떠한가?

2) 현재 내가 하는 일에 대해 부족한 능력은 무엇인가?

3) 내가 관심을 가지고 열정적으로 하는 일을 무엇인가?

4) 나는 어떠한 목표를 가지고 있는가? 이것은 의미 또는 가치가 있는가?

5) 내가 생각하는 선배, 동료, 후배는 어떻게 행동하는가?

6) 내가 지금 하는 일을 그만둔다면, 나는 어떤 일을 새로 시작할까?

◇ 나를 찾는 인터뷰

1) 휴대 전화기를 꺼낸다.

2) 다음 질문을 적는다.

① 평소에 저를 어떻게 생각하십니까?

② 저의 특성이나 장·단점은 무엇이라고 생각하세요?

3) 지인 다섯 명에게 진지하게 문자를 보낸다.

4) 문자 받는 동안 팀원들에게 활동지를 전달한다.

5) 내가 받은 팀원의 이미지를 기록해 준다.

6) 문자와 팀원의 의견을 보고 공통점을 찾는다.

7) 정리한다.

 활동지 작성하기

다른 사람들에게 다음의 질문을 해보고 긍정적인 의견과 부정적인 의견을 작성해 본다. 그리고 나중에 자신이 동의하는 것에는 ㅇ, 동의하지 않는 것에는 ×표를 한다. 또한, 다른 사람이 생각하는 것 외에 자신이 생각하는 나의 특성이나 장·단점을 작성해 본다.

– 평소에 저를 어떻게 생각하십니까?
– 저의 특성이나 장·단점은 무엇이라고 생각하세요?

	긍정적인 의견	동의 여부
1		
2		
3		
4		
5		
6		

	부정적인 의견	동의 여부
1		
2		
3		
4		
5		
6		

	내가 본 나
1	
2	
3	
4	

나의 특성 적어보기

나는

① _____

② _____

③ _____

태극인 ○○○입니다.

나의 특성 발표하기

(4) 자기수용 및 자신감

자기수용

자기수용이란 자기에 대한 평가나 태도로서 자기의 있는 그대로의 모습을 받아들이는 것을 말한다.

자신의 좋은 점은 긍정하고 나쁜 점은 부정하는 식의 평가가 아니라 좋은 점은 물론 결점까지도 있는 그대로 받아들이는 것이다.

자기수용은 인간관계와 자신의 행복에도 심대한 영향을 미치고 있어 자기수용을 제대로 못 하는 사람은 자기를 극복할 수 없으므로 과거, 현재, 미래에도 행복을 기대할 수 없다. 자기수용은 자기 극복의 첫걸음이다.

자기수용은 자신을 스스로 받아들이고 내려놓는 마음을 품으며 자기가 살아 있다는 것 자체를 기뻐하고 끊임없이 삶을 즐기며 행복과 기쁨을 창조할 수 있는 능력이 자신에게 있다고 믿는 것이다.

따라서 자신의 외적인 성취나 다른 사람들이 자신을 어떻게 생각할 것인가에 가치를 두기보다는 자기 자신이 자신의 삶을 위하여 최선을 다했는가에 가치를 두고 자신을 가치가 있는 인간이라고 생각하며,

자신의 가치 기준이 자신의 경험에 근거한 것으로 자신과 자신의 감정 등을 있는 그대로 볼 수 있게 되는 것이다.

자신감

자
신
감

내가 가지고 있는 능력을
인정하고 믿는 것

자신이 하고자 하는 것을 실행하거나 실천할 때 우리는 자신감을 가질 수 있다.

무엇인가 해낼 수 있다는 마음과 의식의 전환점인 용기가 필요하다.

그런데 잘못하면 창피할 것 같다는 생각이 주춤하게 하는데 그것은 쓸모없는 자존심의 산물임을 인지해야 한다.

앞의 의식 수준에서 자존심(175) 단계를 지나 용기(200) 수준 이상이 되었을 때 우리의 자신감이 표출될 수 있다.

🎧 자신감 표현해 보기

대중 앞에서 다음의 구호를 용기 있게 큰소리로 외쳐본다.

나는 반드시 성공할 것이다
그 이유는 (대중)
나에게는 신념, 용기 그리고 열정이 있기 때문이다.

03
나만의 브랜드 설정하기

(1) 사회적 변화 이해하기
(2) 나의 소명 이해하기
(3) 나의 브랜드 만들기

(1) 사회적 변화 이해하기

◇ 17년도 초중등 희망직업 선호도 조사

2017년 초중고교생 희망직업 순위		초등학생	중학생	고등학생
괄호는 해당 직업을 선택한 학생의 비율(%). 자료: 교육부, 한국직업능력개발원	1	교사(9.5)	교사(12.6)	교사(11.1)
	2	운동선수(9.1)	경찰(4.8)	간호사(4.4)
	3	의사(6.0)	의사(4.8)	경찰(3.6)
	4	요리사(4.9)	운동선수(3.8)	군인(3.1)
	5	경찰(4.8)	요리사(3.2)	기계공학기술자 및 연구원(2.9)
	6	가수(3.8)	군인(3.1)	건축가·건축디자이너(2.7)
	7	법조인(3.4)	공무원(2.6)	의사(2.5)
	8	프로게이머(3.2)	건축가·건축디자이너(2.4)	컴퓨터공학자·프로그래머(2.4)
	9	제빵원 및 제과원(2.8)	간호사(2.3)	교수·학자(2.2)
	10	과학자(2.4)	승무원(2.2)	승무원(2.2)

◇ 희망직업 선택 시 중요 고려요소

단위:명,%

희망직업 선택 시 고려요소	초등학생		중학생		고등학생	
	응답자	비율	응답자	비율	응답자	비율
내가 좋아하고 잘할 것 같아서(흥미, 적성)	4206	60.3	4109	62.6	5319	64.3
돈을 많이 벌 수 있을 것 같아서(소득)	371	5.3	458	7.0	525	6.4
오래 일할 수 있을 것 같아서(안정성, 지속성)	147	2.1	375	5.7	455	5.5
나의 발전 가능성이 클 것 같아서(자기 발전 가능성)	485	7.0	413	6.3	579	7.0
사회에 봉사할 수 있을 것 같아서(사회봉사)	326	4.7	338	5.1	459	5.5
일하는 시간과 방법을 자율적으로 결정할 수 있을 것 같아서 (업무 자율성)	70	1.0	98	1.5	131	1.6
내가 아이디어를 내고 창의적으로 일할 수 있을 것 같아서 (창의적 업무환경)	481	6.9	300	4.6	434	5.3
사회적으로 인정을 받을 수 있을 것 같아서(사회적 인정)	252	3.6	172	2.6	195	2.4

※ 희망직업이 "있다"고 응답한 학생(초등학생=6,976명, 중학생=6,563명, 고등학생=8,266 명)을 대상으로 조사한 결과임.

사회적 변화 이해하기

◇ 유행 공감하기(유행목록 만들기)

번호	최근 유행하는 것
1	
2	
3	
4	
5	
6	
7	

◇ 유행 공감하기(유행을 기간별로 분류하기)

유행목록	6개월 미만	1년	5년	10년 이상

사회적 변화 이해하기

메가트렌드 이야기 나누기

예) 기술의 진화와 세계 난민 동향

	2002년	2010년
1위	미국	미국 (-)
2위	일본	중국 (+4)
3위	독일	일본 (-1)
4위	영국	독일 (-1)
5위	프랑스	프랑스 (-)
6위	중국	영국 (-2)
7위	이탈리아	브라질 (+6)
8위	캐나다	이탈리아 (-1)
9위	스페인	캐나다 (-1)
10위	멕시코	인도 (+1)
11위	인도	러시아 (+5)
12위	한국	스페인 (-3)
13위	브라질	호주 (+2)
14위	네덜란드	멕시코 (+4)
15위	호주	한국 (-3)
16위	러시아	네덜란드
영미권 순위 합산 (서남유럽, 북미)	51위	61위(-10)

1990년

[2010 GDP 기준]

☆ 10년 후 세계패권은 누가, 무엇으로 잡을 것인가?

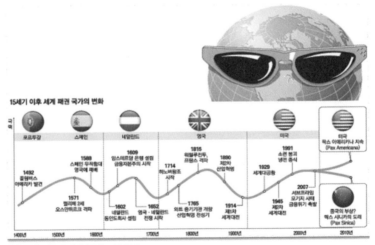

자료 출처: 델파이 국제그룹 블로그

트렌드 변화

트렌드의 과거→현재→미래

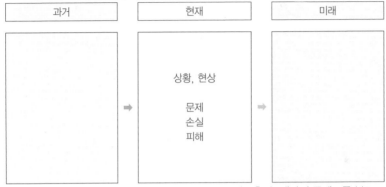

과거	현재	미래
	상황, 현상 문제 손실 피해	

자료출처: 델파이 국제그룹 블로그

트렌드가 만드는 피해와 손실 찾기

	고령화	융합, 혼화	기후변화	과학과 기술발전
상황 현상	경제인구 감소 노년층 증가 출산율 저하 실버산업 확산	방통융합 다문화 가정 디지털 컨버전스 국경을 초월한 결혼	기상이변 게릴라성 폭우 산불 태풍	시설자동화 공장 로봇사용 우주개발 본격화
문제 손실 위협	청년1인 부양인구 증가 복지예산 증가	문화차이로 인한 갈등	재해민 대량 발생	인력(노동) 수요감소
해법 비전	출산장려 노년층 직업 창출	문화교류 증대 다문화 가족 P/G	기상관측 시스템개발 기상관측 시스템 개발의 주역	새로운 수요 창출 아이디어 디자이너

자료 출처: 델파이 국제그룹 블로그

(2) 나의 소명 이해하기

문제 발견하기(매트릭스 정리)

	개인	가족/학교	사회
욕망			
소망			
몽상			

🎧 사회적 소망과 나의 관심 분야 말하기

(Before I die___)

한국고용직업분류 2018

「고용노동부 고시 제2017-72호 _ 2017.12.20」

0. 경영·사무·금융·보험직

1. 연구직 및 공학 기술직

2. 교육·법률·사회복지·경찰·소방직 및 군인

3. 보건·의료직

4. 예술·디자인·방송·스포츠직

5. 미용·여행·숙박·음식·경비·청소직

6. 영업·판매·운전·운송직

7. 건설·채굴직

8. 설치·정비·생산직

9. 농림어업직

 나의 묘비명 정하기

나의 역할 정하기(나의 묘비명은?)

George Bernard Shaw

영국의 극작가
1925년 노벨 문학상 수상
1895~1898 새터데이 리뷰 연극평론가
1895 런던정치경제대학교 설립
1885 펠 멜 가제트 저널리스트

나는 나의 묘비에 이렇게 적는다

(3) 나의 브랜드 만들기

나의 브랜드 만들기

1 정의	2 사랑	3 배려	4 미(美)	5 합리	6 정(情)
7 일(직장)	8 가정	9 경쟁	10 부 (돈)	11 평화	12 소통
13 권위	14 창작	15 권력	16 화해	17 여유	18 도전
19 겸손	20 기다림	21 용기	22 편리	23 모험	24 인내
25 성실	26 개혁	27 나눔	28 희망	29 행복	30 용서
31 자연	32 안전	33 봉사	34 국가	35 자유	36 즐거움
37 기쁨	38 예의규범	39 진리	40 깨달음	41 희생	42 호기심
43 애국	44 문제해결	45 전통	46 가르침	47 성장	48 안정

◆ 가치 단어를 선택하고 그 이유를 적는다. (추가 가능)

	선택	이유
1		
2		
3		

 가치 키워드로 표현하기

저의 꿈은 호텔리어입니다.
호텔리어는 손님들을 배려하는 마음이 있어야 합니다.
손님은 왕이라는 생각으로 불편한 점을 헤아려 소통할 수 있어야 합니다.
손님들에게 봉사한다는 마음으로 질 좋은 서비스를
제공하는 겸손한 호텔리어가 될 것입니다.

앞으로 지구촌은 더 살기가 힘들 것이기에
나는 인류를 행복하게 구원하는 프로듀서(PD)가 되고 싶다.
나는 사람간의 정을 더욱 느낄 수 있게 하는 예능 프로그램을
만들어 전세계에 공급하는 일을 하고 있다.
나는 하고 싶은 일을 하고 있기 때문에 늘 입가에 웃음이 떠나지 않고 있다.
건강한 지구촌을 만들기 위해 노력할 것이다.

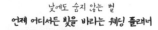 키워드 명함 만들기

I AM

Heart 심장이 뛰고
Mean 의미있는 일의
+
Join 연결고리

하민주

WANTED

DEAD OR ALIVE

NICO ROBIN

₿ 80,000,000-

MARINE

현 상 수 배 합 니 다.

• 모험심이 강하고 여행을 좋아하여
활동범위가 넓음

• 전문적인 지식을 갖추고 있음

• '유인력의 법칙'을 준수함

8억의 가치

"위 사람을 발견할 시 꼭 놓치지 마십시오"

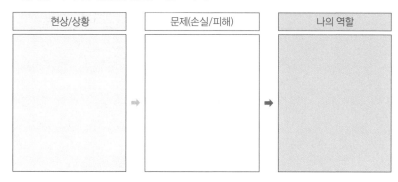

나의 꿈 설명문 만들고 발표하기

현상/상황		문제(손실/피해)		나의 역할
	⇨		⇨	

Ex) 기상이변으로 대규모 이재민이 발생하고 있기 때문에 사람들은 기상이 어떻게 변해가는지를 좀 더 빨리 알고 싶어 한다.
나는 기상이변으로 불안해하는 사람들이(가) 정확하고 신속하게 기상예측을 할 수 있도록 하는 특별한 기상관측 시스템 개발의 주역이다.

◈ 나의 꿈 설명문

_____

_____

_____

_____

_____

_____

_____

가정, 학교에서의 관련자와의 관계향상을 위해 방안을 수립하고 노력한다.

04
관계향상을 위해 노력하기

(1) 관계설정

관계설정

태극	양	음	균형, 조화
팀	leader	follower	신뢰성
의식	의식	(ⓐ)	세뇌
나	(ⓑ)	몸	자존감
	감성적 자아	(ⓒ) 자아	
(ⓓ)	남자	여자	관심, 배려
가족	(ⓔ)	자식	사랑
학교	스승	(ⓕ)	사랑
교회	목사, 신부	신자, 신도	믿음

역지사지(易地思之)

👥🧠 시각장애인 게임

1. 한 사람은 시각장애인, 또 한 사람은 안내자 (마주 보고)
2. 시각장애인은 입구의 노란 공에 팬을 대고 눈을 감는다.
3. 안내자는 거미줄을 중앙까지 움직이도록 말로만 안내한다.
4. 시각장애인은 안내자의 안내에 따라 펜이 노란 공을 연결하여 중앙까지 그린다.
5. 역할을 바꾸어 파란 공을 그린다.
6. 그려진 결과를 분석하고 공유한다

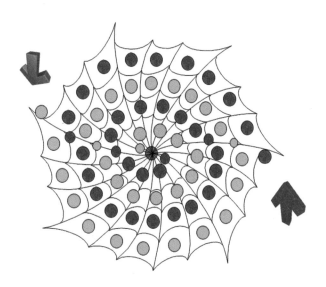

리더와 팔로워

◑ leader는 부정적 - 감언이설, 공포

　　　　긍정적 - 솔선수범, 비전 제시, 이해, 인정, 신뢰,

　　　　　　　 존중, 사랑

◑ follower는 이를 통해 잠재의식에 프로그램됨.

　　　　(세뇌, 습관화)

리더와 팔로워

[🎧] 부모는 리더, 자녀는 팔로워!

◑ 부모는 Leader로서 어떻게 해야 할까?

1)

2)

3)

4)

5)

6)

7)

◑ 자녀는 Follower로서 어떻게 해야 할까?

1)

2)

3)

4)

5)

6)

7)

[우엇] 선생님은 리더, 학생은 팔로워!

◑ 선생님은 Leader로서 어떻게 해야 할까?
1)
2)
3)
4)
5)
6)
7)

◑ 학생은 Follower로서 어떻게 해야 할까?
1)
2)
3)
4)
5)
6)
7)

가정과 학교에서의 나

가정에서의 나

◑ 부모님

1) 무조건 신뢰하고 기다려 주기
2) 무한한 사랑
3) 전폭적 지지
4) 각종 정보제공
5)
6)
7)

◑ 나

1)
2)
3)
4)
5)
6)
7)

🎧 학교에서의 나

◐ 선생님
　1) 무조건 신뢰하고 기다려 주기
　2) 무한한 사랑
　3) 전폭적 지지
　4) 각종 정보제공
　5)
　6)
　7)

◐ 나 − (학생)
　1)
　2)
　3)
　4)
　5)
　6)
　7)

(2) 상호관계 주요소

상호관계의 주요소는 소통과 예의이다.

◈ 화가 났을 때 나는 어떻게 할까?

자기 진단

매우 미흡	미흡	우수	매우 우수
1	2	3	4

문 항	점수
1. 내가 정말로 흥미를 느끼지 않는 말이라도 상대방의 말에 관심을 기울인다.	
2. 오해의 우려가 있을 때 상대가 한 말을 바꾸어 말하여 의미를 확인한다.	
3. 상대방의 말의 초점이 흐려질 때 상대방의 말을 요약하여 초점을 명확하게 한다.	
4. 상대가 부정적인 감정을 토로해도 방어적이 되지 않고 그것을 수용한다	
5. 상대의 감정을 이해하고 있다는 것을 말로 잘 표현한다.	
6. 부정적인 내용도 상대방의 감정을 상하지 않게 하면서 전달할 수 있다.	
7. 효과적인 질문을 활용하여 정보/문제/상대방의 요구를 잘 파악한다.	

자기 진단

매우 미흡	미흡	우수	매우 우수
1	2	3	4

문 항	점수
1. 내가 정말로 흥미를 느끼지 않는 말이라도 상대방의 말에 관심을 기울인다.	관심기울이기
2. 오해의 우려가 있을 때 상대가 한 말을 바꾸어 말하여 의미를 확인한다.	의사 확인하기
3. 상대방의 말의 초점이 흐려질 때 상대방의 말을 요약하여 초점을 명확하게 한다.	
4. 상대가 부정적인 감정을 토로해도 방어적이 되지 않고 그것을 수용한다	공감하기
5. 상대의 감정을 이해하고 있다는 것을 말로 잘 표현한다.	
6. 부정적인 내용도 상대방의 감정을 상하지 않게 하면서 전달할 수 있다.	나-메세지
7. 효과적인 질문을 활용하여 정보/문제/상대방의 요구를 잘 파악한다.	질문

소통하기

◈ 소통하기

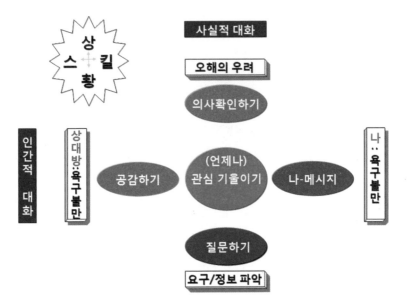

1) 언제나 관심을 기울인다

2) 상대방의 욕구불만 시 공감한다

3) 나의 욕구불만 시 나-메시지를 사용한다.

4) 오해의 우려가 있을 시 의사확인 한다.

5) 요구사항이나 정보를 파악할 시 질문한다.

◈ 태극으로 보는 소통

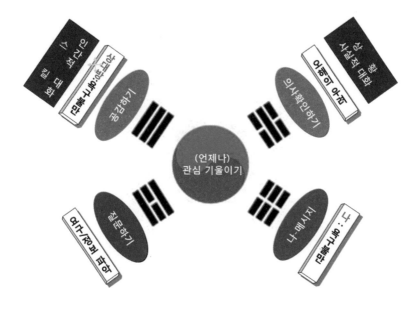

1) ⬤ (태극): 언제나 관심을 기울인다

2) ☰ (건)-하늘: 상대방의 욕구불만 시 공감한다

3) ☷ (곤)-땅 : 나의 욕구불만 시 나-메시지를 사용한다.

4) ☵ (감)-달 : 오해의 우려가 있을 시 의사확인 한다.

5) ☲ (이)-해 : 요구사항이나 정보를 파악할 시 질문한다.

◇ 공감적 경청(Empathic Listening)

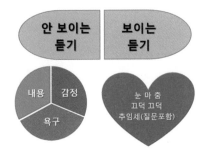

공감적 경청이란 '이해'하려는 의도를 가지고 경청하는 것으로 다른 사람이 가진 틀(내면)에 들어가는 것으로, 귀로 말을 들을 뿐 아니라 동시에 더욱 중요한 것은 눈과 가슴으로 듣는 것이다.

공감적 경청 방법은
- 내용을 흉내 내는 것
  감정이 아니고 말로만 반복한다.
- 내용을 재구성하는 것(좌뇌)
  상대방이 말한 의미를 자신의 말로 요약한다.
- 감정을 나타내는 것(우뇌)
  주의 깊게 보고 자신의 말로 상대방의 감정을 파악한다.
  감정을 나타내주는 말의 이면에 있는 몸짓이나 어조를 파악
- 내용 재구성하고 감정을 나타내는 것(좌뇌+우뇌)
  자신의 말로 상대방의 말과 감정을 표현해 준다.
- 아무 말도 안 하는 것
  상대가 이해받고 있다고 느끼는 것이 불확실하거나 내가 이해하고 있다는 걸 상대가 느끼지 못할 때

◇ I – message

구분	You – message	I – message
대화방식	'너'를 주어로 하는 표현	'나'를 주어로 하는 표현
	'너'를 중심으로 상대방이나 상대방의 행동에 대한 표현하는 방식	'나'를 중심으로 하여 상대방의 행동에 대한 자기 생각이나 감정을 표현하는 방식
효과	−상대방에게만 전적으로 문제가 있다고 생각하게 하므로 상호관계가 파괴될 수 있음.	−상대방에게 내 입장과 감정을 전달함으로써 상호 이해를 도울 수 있음.
	−상대방에게 일방적으로 공격, 강요, 비난하는 느낌을 줄 수 있음.	−상대방에게 나의 솔직한 감정과 생각을 전하기 때문에 오해나 심리적 불편함을 줄일 수 있음.
	−상대방에게 변명, 반감, 저항, 공격적인 반응하게 하기 쉬움.	−상대방이 문제해결을 건설적인 방향으로 할 수 있도록 함.

○ 너 – 전달법

○ 나 – 전달법

I – message 연습하기

예) You: 공부 좀 해라, 공부

       I:

① [관찰] "상황"

              자녀가 공부 안 하고 놀기만 함

② [느낌] 공부하지 않고 노는 것 같아 마음이 답답함

③ [욕구] 원하는 성적이 나오길 바람

④ [부탁] 이제 방에 들어가서 공부하면 좋겠다

※ I message는 상황, 느낌, 부탁 순으로 말을 함

             [상황] 네가 공부하지 않고 노는 것 같아

I message: [느낌] 내 마음이 답답하네

             [부탁] 들어가 공부하면 안 될까

① You: 어디서 말대꾸야

　　I:

② You: 너, 도대체 커서 뭐 될래

　　I:

③ You: 공부도 못하면서 무슨 오락이야.

　　I:

④ You: 네가 웬일이니, 청소를 다 하게

　　I:

⑤ You: 넌 왜 맨날 그 모양이니

　　I:

⑥ You: 맨날 그런 시시한 음악 좀 듣지 마라

　　I:

태극 4괘와 인의예지

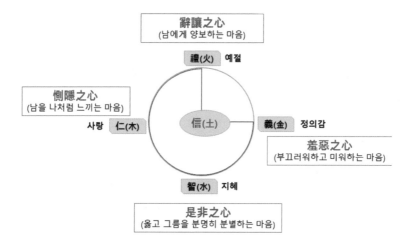

◈ 인(仁): 사랑

　惻隱之心(남을 불쌍하게 여기는 타고난 착한 마음)

◈ 의(義): 정의

　羞惡之心(자신의 옳지 못함을 부끄러워하고 남의 옳지 못함을 미워하는 마음)

◈ 예(禮): 예절

　辭讓之心(겸손하여 남에게 사양할 줄 아는 마음)

◈ 지(智): 지혜

　是非之心(옳고 그름을 가릴 줄 아는 마음)

예의
....

◈ 예의란?

예절과 정의로 사회생활이나 사람 사이의 관계에서 존경의 뜻을 표하기 위해서 예로써 나타내는 말투나 몸가짐이다.

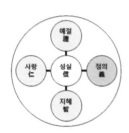

禮　　義

辭讓之心 + 羞惡之心
(겸손하여 남에게 사양할 줄 아는 마음 + 자신의 옳지 못함을
부끄러워하고 남의 옳지 못함을 미워하는 마음)

말과 행동이 상황에 적절하며
내가 당해서 싫은 일을 상대방에게 하지는 않았는지?

⇒ 타인의 잘 못된 것에 대하여 예를 갖추어 말한다.
즉 예의를 갖추어 싸움을 한다(시비를 가림)

◈ 화가 났을 때 나는 어떻게 할까?

예의를 갖추고 I-message로 상대에게 이야기해 보자.

(3) 실천하기

이 과정을 통하여 우리가 언행으로 옮겨야 할 것은 무엇인지 생각해 보고 실천해야 과제를 생각해본다.

〈실천과제〉

1) 자신 사랑하기
2) 가정에서의 나는 어떻게 해야 하나?
3) 학교에서의 나는 어떻게 해야 하나?
4) 학교에서 우리는 어떻게 해야 하나?

실천하기

1. 자신 사랑하기

지그문트 프로이트(Sigmund Freud)는 3,000번 이상 세뇌할 때 긍정의 의식화가 실현된다고 주장한다. 의식적으로 자신을 좋아하고 사랑한다고 3,000번 이상 반복하면 나도 모르게 자신을 좋아하고 사랑하는 사람이 되어있을 것이다.

그래서

1) 매일 밤 잠자기 바로 전

2) "나는 내가 좋다, 나는 나를 사랑해"를

3) 진심으로 정성을 다하여 200일간 15줄 적기

※ 15줄 × 200일 = 3,000줄

'200(3/14)'는 저자가 카운트하면서 적은 것임

2. 가정에서의 나는 어떻게 해야 하나?
 1) 가족 사랑하기
 2) 가족에게 예의 지키기
 3)
 4)
 5)
 6)
 7)

3. 학교에서의 나는 어떻게 해야 하나?
 1) 선생님과 친구 사랑하기
 2) 선생님과 친구에게 예의 지키기
 3)
 4)
 5)
 6)
 7)

4. 학교에서의 우리는 어떻게 해야 하나?

 - Golden 7 Rule -

1)

2)

3)

4)

5)

6)

7)

(4) 마무리하기

건강한 생활하기

1. 건강의 종류

세계보건기구(WHO)의 '참 건강'에 대한 정의는

1) 육체적으로(physically)

2) 정신적으로(mentally)

3) 사회적으로(socially)

4) 영적으로(spiritually) 건강한 상태를 말하고 있다.

신체적	적절한 영양, 운동, 휴식, 스트레스 관리를 통한 신체적 건강 유지
정신적	독서, 지식습득, 글쓰기, 계획, 영화감상, 음악감상, 사색 등을 통한 정신능력 향상
영 적	영감을 주는 문학작품, 명상, 사명서, 종교생활 등을 통한 영적 능력 향상
사회적/감정적	행복감 느끼기, 인내, 긍정적 태도, 자부심, 봉사활동, 부모님 기쁘게 하기, 편지 쓰기

2. 건강한 생활하기

첫째, 육체적 건강 실천

 - 운동, 영양섭취, 스트레스 관리(Stress Management) 하기 등

_____

_____

둘째, 정신적 건강 실천

 - 영화 보기, 독서, 시각화, 글쓰기, 계획, 문제 해결하기 등

_____

_____

셋째, 사회적 건강 실천

 - 자부심을 향상, 공감, 인내, 감정예입, 사랑, 봉사하기 등

_____

_____

넷째, 영적 건강 실천

 - 가치 명확화, 결심, 작품 감상, 명상, 자연과의 교감, 종교 생활 등

_____

_____

매일 감사하기

〈로저와 담임목사〉

지독한 절망감을 견디다 못해 담임목사를 찾아갔다.

"인생이 완전히 꼬였어요. 기뻐할 이유가 하나도 없어요."

"아내가 세상을 떠나셨다니 참으로 안타깝습니다."

"무슨 말씀이세요? 제 아내는 건강하게 살아 있어요."

"오, 정말이오? 집이 불탔다니 유감이군요."

"예? 우리 집은 멀쩡해요. 정말 아름다운 집이죠."

"직장에서 해고되셨다니 안타깝습니다."

"어디서 그런 터무니없는 소문을 들으셨어요?
저는 번듯한 직장에 다니고 있어요."

-조엘 오스틴의 '잘되는 나'-

 감사 일지 쓰기 훈련

1) 매일 밤 잠자리에 들기 전에

2) 하루 동안 있었던 감사 할 만한 일 다섯 가지 적는다.

3) 3개월간 지속한다. ⇒ 감사 습관

1.

2.

3.

4.

5.

마무리하기

1. 소감 나누기
2. 수료증 수여
3. 설문작성
4. 정리 정돈
5. 작별 인사

It starts with
Now!
Now!
Now!

 자존감 사전진단

자신에게 해당하는 것에 'O' 표시하시오.

	(거의 그렇다(5점), 꽤 그런 편이다(4점), 보통(3점), 그렇지 않다(2점), 거의 그렇지 않다(1점))					
1	당신은 평소에 기쁨의 삶을 누리는가?	5	4	3	2	1
2	당신은 다른 사람들 못지않게 많은 일을 해낼 수 있는 능력이 있는가?	5	4	3	2	1
3	당신은 다른 사람들만큼이나 행복한 삶을 누리는가?	5	4	3	2	1
4	당신이 남성 또는 여성인 것에 만족하는가?	5	4	3	2	1
5	당신이 알고 있는 부분의 사람들은 당신을 좋아한다고 느끼는가?	5	4	3	2	1
6	당신이 중요한 과제나 과업을 시도할 때 보통 성공하는 편인가?	5	4	3	2	1
7	당신은 스스로가 중요한 인물이라고 생각하는가?	5	4	3	2	1
8	당신은 남 못지않게 건강하고 튼튼한가?	5	4	3	2	1
9	당신은 무슨 일을 시도할 때 주도권을 잡는 능력이 뛰어나다고 생각하는가?	5	4	3	2	1
10	당신은 당신의 일에 신념을 가지고 있는가?	5	4	3	2	1
11	당신은 정직하고 솔직한가?	5	4	3	2	1
12	당신의 감정 상태는 늘 평화로운가?	5	4	3	2	1
13	낯선 환경에서도 잘 적응하는가?	5	4	3	2	1
14	당신의 감정 상태를 잘 표현하는가?	5	4	3	2	1
15	당신이 생각을 잘 표현하는가?	5	4	3	2	1
16	당신은 타인의 생각이나 감정을 잘 이해하는가?	5	4	3	2	1
17	당신은 당신과 관계되는 모든 사람에게 유익이 되도록 애쓰는가?	5	4	3	2	1
18	당신은 인격자로서 행동하려고 애쓰며 품위를 소중히 여기는가?	5	4	3	2	1
19	당신은 매사에 자신이 있으며 적극적으로 생각하는가?	5	4	3	2	1
20	당신은 평화를 사랑하고 정의를 소중하게 생각하는가?	5	4	3	2	1
점수 합계						

【부록 1】해답

⊙ 자존감 사전/사후 진단

(86이상)건강한 자아상 소유자로 행복한 삶을 살 수 있다.

(71~85)비교적 원만하며 행복하게 살아갈 능력이 있다.

(61~70)긍정적인 자아상을 개발하도록 노력해야 한다.

(51~60)부정적인 자아상으로 대인관계에 문제가 생길 수 있으므로 긍정적

인 자아상을 가지도록 노력해야 한다.

(50이하)자아상이 부정적이어서 자아상의 개선이 시급하다.

⊙ 관계설정

ⓐ무의식 ⓑ마음 ⓒ이성적 ⓓ사람 ⓔ부모 ⓕ제자

⊙ I – message 연습하기

① You:어디서 말대꾸야.

    I:네가 자꾸 말대답하니까 내가 속상해.

② You:너, 도대체 커서 뭐 될래.

    I:나는 네 행동 때문에 걱정이 돼.

③ You:공부도 못하면서 무슨 오락이야.

    I:나는 네가 오락하는 모습을 보니 내 마음이 답답해. [부탁]

④ You:네가 웬일이니, 청소를 다 하게.

    I:나는 네가 청소하는 모습을 보니 너무 기뻐.

⑤ You:넌 왜 맨날 그 모양이니.

    I:나는 네가 예전과 행동이 좀 달라졌으면 해.

⑥ You:맨날 그런 시시한 음악 좀 듣지 마라.

    I:나는 네가 좀 더 다양한 음악을 들었으면 좋겠어.

【부록 2】 희망직업 선호도 조사

◇ 17년도 초중등 희망직업 선호도 조사

2017년 초중고교생 희망직업 순위		초등학생	중학생	고등학생
	1	교사(9.5)	교사(12.6)	교사(11.1)
	2	운동선수(9.1)	경찰(4.8)	간호사(4.4)
	3	의사(6.0)	의사(4.8)	경찰(3.6)
	4	요리사(4.9)	운동선수(3.8)	군인(3.1)
	5	경찰(4.8)	요리사(3.2)	기계공학기술자 및 연구원(2.9)
	6	가수(3.8)	군인(3.1)	건축가·건축디자이너(2.7)
	7	법조인(3.4)	공무원(2.6)	의사(2.5)
	8	프로게이머(3.2)	건축가·건축디자이너(2.4)	컴퓨터공학자·프로그래머(2.4)
	9	제빵원 및 제과원(2.8)	간호사(2.3)	교수·학자(2.2)
	10	과학자(2.4)	승무원(2.2)	승무원(2.2)

괄호는 해당 직업을 선택한 학생의 비율(%).
자료: 교육부, 한국직업능력개발원

◇ 희망직업 선택 시 중요 고려요소

단위:명,%

희망직업 선택 시 고려요소	초등학생		중학생		고등학생	
	응답자	비율	응답자	비율	응답자	비율
내가 좋아하고 잘할 것 같아서(흥미, 적성)	4206	60.3	4109	62.6	5319	64.3
돈을 많이 벌 수 있을 것 같아서(소득)	371	5.3	458	7.0	525	6.4
오래 일할 수 있을 것 같아서(안정성, 지속성)	147	2.1	375	5.7	455	5.5
나의 발전 가능성이 클 것 같아서(자기 발전 가능성)	485	7.0	413	6.3	579	7.0
사회에 봉사할 수 있을 것 같아서(사회봉사)	326	4.7	338	5.1	459	5.5
일하는 시간과 방법을 자율적으로 결정할 수 있을 것 같아서 (업무 자율성)	70	1.0	98	1.5	131	1.6
내가 아이디어를 내고 창의적으로 일할 수 있을 것 같아서 (창의적 업무환경)	481	6.9	300	4.6	434	5.3
사회적으로 인정을 받을 수 있을 것 같아서(사회적 인정)	252	3.6	172	2.6	195	2.4

※ 희망직업이 "있다"고 응답한 학생(초등학생=6,976명, 중학생=6,563명, 고등학생=8,266명)을 대상으로 조사한 결과임.

<최근 10년간('07, '12, '16, '17) 학생 희망직업 상위 10위 변화 추이>

순위	초등학생				중학생				고등학생			
	2007년	2012년	2016년	2017년	2007년	2012년	2016년	2017년	2007년	2012년	2016년	2017년
1	선생님(교사)	운동선수	선생님(교사)	선생님(교사)	선생님(교사)	선생님(교사)	선생님(교사)	선생님(교사)	선생님(교사)	선생님(교사)	선생님(교사)	선생님(교사)
	(15.7)	(10.7)	(9.6)	(9.5)	(19.8)	(12.5)	(13.5)	(12.6)	(13.4)	(9.3)	(12.0)	(11.1)
2	의사	선생님(교사)	운동선수	운동선수	의사	의사	경찰	경찰	회사원	회사원	간호사	간호사
	(10.5)	(10.4)	(8.8)	(9.1)	(9.4)	(7.1)	(5.8)	(4.8)	(7.0)	(7.6)	(5.0)	(4.4)
3	연예인	의사	의사	의사	연예인	연예인	의사	의사	공무원	공무원	생명·자연과학자 및 연구원	경찰
	(9.9)	(9.2)	(6.8)	(6.0)	(6.2)	(6.9)	(4.0)	(4.8)	(6.2)	(4.7)	(4.5)	(3.6)
4	운동선수	연예인	요리사	요리사(셰프)	법조인(판·검사 변호사)	요리사 및 음식관련 분야	운동선수	운동선수	개인사업	연예인	경찰	군인
	(9.4)	(8.2)	(5.7)	(4.9)	(4.4)	(4.8)	(3.7)	(3.8)	(3.7)	(4.3)	(4.5)	(3.1)
5	교수	교수	경찰	경찰	공무원	교수	군인	요리사(셰프)	간호사	간호사	군인	기계공학 기술자 및 연구원
	(6.5)	(6.0)	(4.8)	(4.8)	(3.8)	(4.0)	(3.5)	(3.2)	(3.3)	(4.2)	(3.6)	(2.9)
6	법조인(판·검사 변호사)	요리사 및 음식관련 분야	법조인(판·검사 변호사)	가수	교수	경찰	요리사	군인	의사	공학 관련 엔지니어	정보시스템 및 보안전문가	건축가·건축디자이너
	(5.4)	(5.1)	(3.7)	(3.8)	(3.6)	(3.8)	(3.3)	(3.1)	(3.0)	(4.1)	(2.6)	(2.7)
7	경찰	법조인(판·검사 변호사)	가수	법조인(판·검사 변호사)	경찰	교수	운동선수	생명·자연과학자 및 연구원	연예인	의사	요리사(셰프)	의사
	(5.2)	(4.5)	(3.2)	(3.4)	(3.6)	(3.7)	(3.1)	(2.6)	(2.7)	(4.0)	(2.5)	(2.5)
8	요리사	경찰	제빵원 및 제과원	프로게이머	요리사	공무원	정보시스템 및 보안전문가	건축가·건축디자이너	경찰	요리사 및 음식관련 분야	의사	컴퓨터공학자·프로그래머
	(4.2)	(3.6)	(2.7)	(3.2)	(3.2)	(3.1)	(3.0)	(2.4)	(2.5)	(3.0)	(2.4)	(2.4)
9	패션디자이너	패션디자이너	과학자	제빵원 및 제과원	패션디자이너	법조인(판·검사 변호사)	가수	간호사	공학관련 엔지니어	경찰	기계공학 기술자 및 연구원	교수·학자
	(2.8)	(2.5)	(2.7)	(2.8)	(2.8)	(2.5)	(2.5)	(2.3)	(2.3)	(2.8)	(2.4)	(2.2)
10	프로게이머	제빵사	프로게이머	과학자	운동선수	회사원	공무원	공무원	패션디자이너	컴퓨터 관련 전문가	승무원	승무원
	(2.2)	(2.0)	(2.6)	(2.4)	(2.6)	(2.5)	(2.4)	(2.2)	(2.2)	(2.6)	(2.4)	(2.2)
누계	71.8	62.2	50.6	49.9	59.4	50.9	44.8	41.8	46.3	46.6	41.9	37.1

출처: 교육부·한국직업능력개발원(2007). 진로교육지표 조사. 교육부·한국직업능력개발원(2012). 진로교육지표 조사. 교육부·한국직업능력개발원(2016). 진로교육 현황조사.

【부록 3】 태극기

[태극기]

우리나라 국기(國旗)인 태극기(太極旗)는 흰색 바탕에 가운데 태극 문양과 네 모서리의 건곤감리(乾坤坎離) 4괘(四卦)로 구성되어 있습니다.

[근거]
대한민국국기법

[태극기에 담긴 뜻]

우리나라의 국기인 '태극기'(太極旗)는 흰색 바탕에 가운데 태극 문양과 네 모서리의 건곤감리(乾坤坎離) 4괘(四卦)로 구성되어 있다.

태극기의 흰색 바탕은 밝음과 순수, 그리고 전통적으로 평화를 사랑하는 우리의 민족성을 나타내고 있다. 가운데의 태극 문양은 음(陰: 파랑)과 양(陽: 빨강)의 조화를 상징하는 것으로 우주 만물이 음양의 상호작용 때문에 생성하고 발전한다는 대자연의 진리를 형상화한 것이다.

네 모서리의 4괘는 음과 양이 서로 변화하고 발전하는 모습을 효(爻: 음--, 양—)의 조합을 통해 구체적으로 나타낸 것이다. 그 가운데 건괘(乾卦: ☰)는 우주 만물 중에서 하늘을, 곤괘(坤卦: ☷)는 땅을, 감괘(坎卦: ☵)는 물을, 이괘(離卦: ☲)는 불을 상징한다. 이들 4괘는 태극을 중심으로 통일의 조화를 이루고 있다.

예로부터 우리 선조들이 생활 속에서 즐겨 사용하던 태극 문양을 중심으로 만들어진 태극기는 우주와 더불어 끝없이 창조와 번영을 희구하는 한민족(韓民族)의 이상을 담고 있다.

따라서 우리는 태극기에 담긴 이러한 정신과 뜻을 이어받아 민족의
화합과 통일을 이룩하고, 인류의 행복과 평화에 이바지해야 할 것이다.

[태극기의 내력]

세계 각국이 국기(國旗)를 제정하여 사용하기 시작한 것은 근대국가
가 발전하면서부터였다.

우리나라의 국기 제정은 1882년(고종 19년) 5월 22일 체결된 조미수호
통상조약(朝美修好通商條約) 조인식이 직접적인 계기가 되었다. 하지만
당시 조인식 때 게양된 국기의 형태에 대해서는 현재 정확한 기록이
남아 있지 않다.

다만, 최근(2004년)에 발굴된 자료인 미국 해군부 항해국이 제작
한 '해상국가들의 깃발(Flags of Maritime Nations)'에 실려 있는 이른바
'Ensign' 기가 조인식 때 사용된 태극기(太極旗)의 원형이라는 주장이
있다.

1882년 박영효가 고종의 명을 받아 특명전권대신(特命全權大臣) 겸 수
신사(修信使)로 일본에 다녀온 과정을 기록한 「사화기략(使和記略)」에 의
하면 그해 9월 박영효(朴泳孝)는 선상에서 태극 문양과 그 둘레에 8괘
대신 건곤감리(乾坤坎離) 4괘를 그려 넣은 '태극·4괘 도안'의 기를 만들
어 그달 25일부터 사용하였으며, 10월 3일 본국에 이 사실을 보고하였
다는 기록이 있다. 고종은 다음 해인 1883년 3월 6일 왕명으로 이 '태
극·4괘 도안'의 '태극기'(太極旗)를 국기(國旗)로 제정·공포하였으나, 국
기제작 방법을 구체적으로 명시하지 않은 탓에 이후 다양한 형태의 국
기가 사용되어 오다가 대한민국 임시정부에서 1942년 6월 29일 국기제

작법을 일치시키기 위하여 「국기통일양식」(國旗統一樣式)을 제정·공포하였지만, 일반 국민에게는 널리 알려지지 않았다.

1948년 8월 15일 대한민국 정부가 수립되면서 태극기의 제작법을 통일할 필요성이 커짐에 따라, 정부는 1949년 1월 「국기시정위원회」(國旗是正委員會)를 구성하여 그해 10월 15일에 오늘날의 「국기제작법」을 확정·발표하였다.

대한민국 정부가 태극기를 국기로 승계한 것은 태극기가 지닌 이러한 민족사적 정통성을 이어받기 위함이었으며, 이후, 국기에 관한 여러 가지 규정들이 제정·시행되어 오다가, 최근 「대한민국국기법」(2007. 1월)과 같은 법 시행령(2007. 7월) 및 「국기의 게양·관리 및 선양에 관한 규정」(국무총리훈령, 2009.9월)이 제정되면서 그 입지를 더욱 공고히 하게 되었다.

[국기에 대한 경례 방법]

국기에 대한 경례를 하는 때에는 선 채로 국기를 향하여 오른손을 펴서 왼쪽 가슴에 대고 국기를 주목하거나 거수경례를 한다

- 제복을 입지 아니한 국민은 국기를 향하여 오른손을 펴서 왼쪽 가슴에 대고 국기를 주목(注目)한다.

- 제복을 입지 아니한 국민 중 모자를 쓴 국민은 국기를 향하여 오른손으로 모자를 벗어 왼쪽 가슴에 대고 국기를 주목한다. 다만, 모자를 벗기 곤란한 경우에는 이를 벗지 아니할 수 있다.

- 제복을 입은 국민은 국기를 향하여 거수경례(擧手敬禮)한다.

[국기에 대한 맹세]('07.07.27 개정)

나는 자랑스러운 태극기 앞에

자유롭고 정의로운 대한민국의 무궁한 영광을 위하여

충성을 다할 것을 굳게 다짐합니다.

참조: 구리시청 www.guri.go.kr/

【부록 4】한국고용직업분류 2018

0. 경영·사무·금융·보험직

1. 연구직 및 공학 기술직

2. 교육·법률·사회복지·경찰·소방직 및 군인

3. 보건·의료직

4. 예술·디자인·방송·스포츠직

5. 미용·여행·숙박·음식·경비·청소직

6. 영업·판매·운전·운송직

7. 건설·채굴직

8. 설치·정비·생산직

9. 농림어업직

「고용노동부 고시 제2017-72호 _ 2017.12.20」

0. 경영·사무·금융·보험직

01 관리직(임원·부서장)

011 의회의원·고위공무원 및 기업 고위임원

　0111 의회의원·고위공무원 및 공공단체임원

　0112 기업 고위임원

012 행정·경영·금융·보험 관리자

　0121 정부행정 관리자

　0122 경영지원 관리자

　0123 마케팅·광고·홍보 관리자

　0124 금융·보험 관리자

013 전문서비스 관리자

　0131 연구 관리자

　0132 교육 관리자

0133 법률·경찰·소방·교도 관리자

0134 보건·의료 관리자

0135 사회복지 관리자

0136 예술·디자인·방송 관리자

0137 정보통신 관리자

0139 부동산·조사·인력알선 및 기타 전문서비스 관리자

014 미용·여행·숙박·음식·경비·청소 관리자

0141 미용·여행·숙박·스포츠 관리자

0142 음식서비스 관리자

0143 경비·청소 관리자

015 영업·판매·운송 관리자

0151 영업·판매 관리자

0152 운송 관리자

0159 기타 판매 및 고객서비스 관리자

016 건설·채굴·제조·생산 관리자

0161 건설·채굴 관리자

0162 전기·가스·수도 관리자

0163 제조·생산 관리자

0169 기타 건설·전기 및 제조 관리자

02 경영·행정·사무직

021 정부·공공행정 전문가

0210 정부·공공행정 전문가

022 경영·인사 전문가

0221 경영·진단 전문가

0222 인사·노무 전문가

023 회계·세무·감정 전문가

0231 회계사

0232 세무사

0233 관세사

0234 감정 전문가

024 광고·조사·상품기획·행사기획 전문가

0241 광고·홍보 전문가

0242 조사 전문가

0243 상품 기획자

0244 행사 기획자

025 정부·공공 행정 사무원

0251 조세행정 사무원

0252 관세행정 사무원

0253 병무행정 사무원

0254 국가·지방행정 사무원

0255 공공행정 사무원

026 경영지원 사무원

0261 기획·마케팅 사무원

0262 인사·교육·훈련 사무원

0263 총무 사무원 및 대학 행정조교

0264 감사 사무원

027 회계·경리 사무원

0271 회계 사무원

0272 경리 사무원

028 무역·운송·생산·품질 사무원

0281 무역 사무원

0282 운송 사무원

0283 자재·구매·물류 사무원

0284 생산·품질 사무원

029 안내·고객상담·통계·비서·사무보조 및 기타 사무원

0291 안내·접수원 및 전화교환원

0292 고객 상담원 및 모니터 요원

0293 통계 사무원

0294 비서
0295 전산자료 입력원 및 사무 보조원
0299 기타 사무원

03 금융·보험직

031 금융·보험 전문가

0311 투자·신용 분석가
0312 자산 운용가
0313 보험·금융상품 개발자
0314 증권·외환 딜러
0315 손해사정사
0319 기타 금융·보험 전문가

032 금융·보험 사무원

0321 은행 사무원
0322 증권 사무원
0323 보험 심사원 및 사무원
0324 출납창구 사무원
0325 수금원 및 신용 추심원
0329 기타 금융 사무원

033 금융·보험 영업원

0331 대출 및 신용카드 모집인
0332 보험 모집인 및 투자 권유 대행인

1. 연구직 및 공학 기술직

11 인문·사회과학 연구직

110 인문·사회과학 연구원

1101 인문과학 연구원
1102 사회과학 연구원

12 자연·생명과학 연구직

121 자연과학 연구원 및 시험원
  1211 자연과학 연구원
  1212 자연과학 시험원

122 생명과학 연구원 및 시험원
  1221 생명과학 연구원
  1222 생명과학 시험원
  1223 농림어업 시험원

13 정보통신 연구개발직 및 공학 기술직

131 컴퓨터하드웨어·통신공학 기술자
  1311 컴퓨터 하드웨어 기술자 및 연구원
  1312 통신공학 기술자 및 연구원

132 컴퓨터시스템 전문가
  1320 컴퓨터시스템 전문가

133 소프트웨어 개발자
  1331 시스템 소프트웨어 개발자
  1332 응용 소프트웨어 개발자
  1333 웹 개발자
  1339 기타 컴퓨터 전문가 및 소프트웨어 전문가

134 데이터·네트워크 및 시스템 운영 전문가
  1341 데이터 전문가
  1342 네트워크 시스템 개발자
  1343 정보시스템 운영자
  1344 웹 운영자
  1349 기타 데이터 및 네트워크 전문가

135 정보보안 전문가
  1350 정보보안 전문가

136 통신·방송송출 장비 기사

2. 교육·법률·사회복지·경찰·소방직 및 군인

21 교육직

2129 기타 교사

213 유치원 교사
　2130 유치원 교사

214 문리·기술·예능 강사
　2141 문리·어학 강사
　2142 컴퓨터 강사
　2143 기술·기능계 강사
　2144 예능 강사
　2145 학습지·교육교구 방문강사
　2149 기타 문리·기술 및 예능 강사

215 장학관 및 기타 교육 종사자
　2151 장학관·연구관 및 교육 전문가
　2152 대학 교육 조교(연구 조교 포함)
　2153 교사보조 및 보육보조 서비스 종사원

22 법률직
　221 법률 전문가
　　2211 판사 및 검사
　　2212 변호사
　　2213 법무사 및 집행관
　　2214 변리사
　　2219 기타 법률 전문가

　222 법률 사무원
　　2220 법률 사무원

23 사회복지·종교직
　231 사회복지사 및 상담사
　　2311 사회복지사
　　2312 상담 전문가
　　2313 청소년 지도사

2314 직업상담사
2315 시민단체 활동가

232 보육교사 및 기타 사회복지 종사자
2321 보육교사
2329 기타 사회복지 종사원

233 성직자 및 기타 종교 종사자
2331 성직자
2339 기타 종교 종사원

24 경찰·소방·교도직
240 경찰관, 소방관 및 교도관
2401 경찰관 및 수사관
2402 소방관
2403 교도관 및 소년원학교 교사

25 군인
250 군인
2501 영관급 이상 장교
2502 위관급 장교
2503 부사관
2509 기타 군인

3. 보건·의료직

30 보건·의료직
301 의사, 한의사 및 치과의사
3011 전문 의사
3012 일반 의사
3013 한의사
3014 치과 의사

302 수의사
  3020 수의사

303 약사 및 한약사
  3030 약사 및 한약사

304 간호사
  3040 간호사

305 영양사
  3050 영양사

306 의료기사·치료사·재활사
  3061 임상병리사
  3062 방사선사
  3063 치과기공사
  3064 치과위생사
  3065 물리 및 작업 치료사
  3066 임상심리사
  3067 재활공학 기사
  3069 기타 치료·재활사 및 의료기사

307 보건·의료 종사자
  3071 응급구조사
  3072 위생사
  3073 안경사
  3074 의무기록사
  3075 간호조무사
  3076 안마사
  3079 기타 보건·의료 종사원

4. 예술·디자인·방송·스포츠직

41 예술·디자인·방송직

411 작가·통번역가

4111 작가

4112 번역가 및 통역가

4113 출판물 전문가

412 기자 및 언론 전문가

4120 기자 및 언론 전문가

413 학예사·사서·기록물관리사

4131 학예사 및 문화재 보존원

4132 사서 및 기록물 관리사

414 창작·공연 전문가(작가, 연극 제외)

4141 화가 및 조각가

4142 사진작가 및 사진사

4143 만화가 및 만화영화 작가

4144 국악인 및 전통 예능인

4145 지휘자, 작곡가 및 연주가

4146 가수 및 성악가

4147 무용가 및 안무가

4149 기타 시각 및 공연 예술가

415 디자이너

4151 제품 디자이너

4152 패션 디자이너

4153 실내장식 디자이너

4154 시각 디자이너

4155 미디어 콘텐츠 디자이너

416 연극·영화·방송 전문가

4161 감독 및 기술감독

4162 배우 및 모델

4163 아나운서 및 리포터

4164 촬영 기사

4165 음향·녹음 기사

4166 영상·녹화·편집 기사

4167 조명·영사 기사

4169 기타 연극·영화·방송 종사원

417 문화·예술 기획자 및 매니저

4171 공연·영화 및 음반 기획자

4172 연예인매니저 및 스포츠매니저

42 스포츠·레크리에이션직

420 스포츠·레크리에이션 종사자

4201 스포츠 감독 및 코치

4202 직업 운동선수

4203 경기 심판 및 경기 기록원

4204 스포츠강사, 레크리에이션강사 및 기타 관련 전문가

4209 기타 스포츠 및 여가서비스 종사원

5. 미용·여행·숙박·음식·경비·청소직

51 미용·예식 서비스직

511 미용 서비스원

5111 이용사

5112 미용사

5113 피부 및 체형 관리사

5114 메이크업 아티스트 및 분장사

5115 반려동물 미용 및 관리 종사원

5119 기타 미용 서비스원

512 결혼·장례 등 예식 서비스원

5121 결혼상담원 및 웨딩플래너

5122 혼례 종사원

5123 장례 지도사 및 장례 상담원
5124 점술가 및 민속신앙 종사원
5129 기타 개인 생활 서비스원

52 여행·숙박·오락 서비스직

521 여행 서비스원
5211 여행상품 개발자
5212 여행 사무원
5213 여행 안내원 및 해설사

522 항공기·선박·열차 객실승무원
5221 항공기 객실승무원
5222 선박·열차 객실승무원

523 숙박시설 서비스원
5230 숙박시설 서비스원

524 오락시설 서비스원
5240 오락시설 서비스원

53 음식 서비스직

531 주방장 및 조리사
5311 주방장 및 요리 연구가
5312 한식 조리사
5313 중식 조리사
5314 양식 조리사
5315 일식 조리사
5316 바텐더
5317 음료조리사
5319 기타 조리사

532 식당 서비스원
5321 패스트푸드 준비원

5322 홀서빙원

5323 주방 보조원

5324 음식 배달원

5329 기타 음식 서비스 종사원

54 경호·경비직

541 경호·보안 종사자

5411 경호원

5412 청원경찰

5413 시설·특수 경비원

5419 기타 경호·보안 종사원

542 경비원

5420 경비원(건물 관리원)

55 돌봄 서비스직(간병·육아)

550 돌봄 서비스 종사자

5501 요양 보호사 및 간병인

5502 육아 도우미

56 청소 및 기타 개인서비스직

561 청소·방역 및 가사 서비스원

5611 청소원

5612 환경미화원 및 재활용품 수거원

5613 배관 세정원 및 방역원

5614 구두 미화원

5615 세탁원(다림질원)

5616 가사 도우미

562 검침·주차관리 및 기타 서비스 단순 종사자

5621 계기 검침원 및 가스 점검원

5622 자동판매기 관리원

5623 주차 관리·안내원

5624 검표원

5629 기타 서비스 단순 종사원

6. 영업·판매·운전·운송직

61 영업·판매직

611 부동산 컨설턴트 및 중개인

6110 부동산 컨설턴트 및 중개인

612 영업원 및 상품중개인

6121 기술 영업원

6122 해외 영업원

6123 자동차 영업원

6124 제품·광고 영업원

6125 상품 중개인 및 경매사

6129 기타 기술 영업·중개 종사원

613 텔레마케터

6130 텔레마케터

614 소규모 상점 경영 및 일선 관리 종사자

6140 소규모 상점 경영 및 일선 관리 종사원

615 판매 종사자

6151 상점 판매원

6152 통신 기기·서비스 판매원

6153 온라인 판매원

6154 상품 대여원

6155 노점 및 이동 판매원

6156 방문 판매원

6157 주유원(가스충전원)

616 매장계산원 및 매표원

    6161 매장 계산원 및 요금 정산원

    6162 매표원 및 복권 판매원

617 판촉 및 기타 판매 단순 종사자

    6171 홍보 도우미 및 판촉원

    6179 기타 판매 단순 종사원

62 운전·운송직

621 항공기·선박·철도 조종사 및 관제사

    6211 항공기 조종사

    6212 선장, 항해사 및 도선사

    6213 철도·전동차 기관사

    6214 관제사

    6219 기타 철도운송 종사원

622 자동차 운전원

    6221 택시 운전원

    6222 버스 운전원

    6223 화물차·특수차 운전원

    6229 기타 자동차 운전원

623 물품이동장비 조작원(크레인·호이스트·지게차)

    6230 물품이동장비 조작원(크레인·호이스트·지게차)

624 택배원 및 기타 운송 종사자

    6241 택배원

    6242 우편물 집배원

    6243 선박승무원 및 관련 종사원(선박객실 승무원 제외)

    6244 하역·적재 종사원

    6249 기타 배달원

7. 건설·채굴직

70 건설·채굴직

701 건설구조 기능원
7011 강구조물 가공원 및 건립원
7012 경량철골공
7013 철근공
7014 콘크리트공
7015 건축 석공
7016 건축 목공
7017 조적공 및 석재부설원
7019 기타 건설 구조 기능원

702 건축마감 기능원
7021 미장공
7022 방수공
7023 단열공
7024 바닥재 시공원
7025 도배공 및 유리 부착원
7026 건축 도장공
7027 새시 조립·설치원
7029 기타 건축 마감 기능원

703 배관공
7031 건설 배관공
7032 공업 배관공
7039 기타 배관공

704 건설·채굴 기계 운전원
7040 건설·채굴 기계 운전원

705 기타 건설 기능원(채굴포함)
7051 광원, 채석원 및 석재 절단원
7052 철로 설치·보수원
7059 기타 채굴·토목 종사원

706 건설·채굴 단순 종사자

    7060 건설·채굴 단순 종사원

8. 설치·정비·생산직

81 기계 설치·정비·생산직

811 기계장비 설치·정비원(운송장비 제외)

    8111 공업기계 설치·정비원

    8112 승강기 설치·정비원

    8113 물품이동장비 설치·정비원

    8114 냉동·냉장·공조기 설치·정비원

    8115 보일러 설치·정비원

    8116 건설·광업 기계 설치·정비원

    8119 농업용 및 기타 기계장비 설치·정비원

812 운송장비 정비원

    8121 항공기 정비원

    8122 선박 정비원

    8123 철도기관차·전동차 정비원

    8124 자동차 정비원

    8129 기타 운송장비 정비원

813 금형원 및 공작기계 조작원

    8131 금형원

    8132 금속 공작기계 조작원

814 냉·난방 설비 조작원

    8140 냉·난방 설비 조작원

815 자동조립라인·산업용로봇 조작원

    8150 자동조립라인·산업용로봇 조작원

816 기계 조립원(운송장비 제외)

    8161 일반기계 조립원

8162 금속기계부품 조립원

817 운송장비 조립원
8171 자동차 조립원
8172 자동차 부품 조립원
8173 운송장비 조립원

82 금속·재료 설치·정비·생산직(판금·단조·주조·용접·도장 등)

821 금속관련 기계·설비 조작원
8211 금속가공 제어장치 조작원
8212 금속가공 기계 조작원

822 판금원 및 제관원
8221 판금원
8222 판금기조작원
8223 제관원
8224 제관기조작원

823 단조원 및 주조원
8231 단조원
8232 단조기조작원
8233 주조원
8234 주조기조작원

824 용접원
8241 용접원
8242 용접기조작원

825 도장원 및 도금원
8251 도장원(도장기조작원)
8252 도금·금속분무기 조작원

826 비금속제품 생산기계 조작원
8261 유리·유리제품 생산기계 조작원
8262 점토제품 생산기계 조작원

8263 시멘트·광물제품 생산기계 조작원
8264 광석·석제품 생산기계 조작원
8269 기타 비금속제품 생산기계 조작원

83 전기·전자 설치·정비·생산직
831 전기공
8311 산업 전기공
8312 내선 전기공
8313 외선 전기공

832 전기·전자기기 설치·수리원
8321 사무용 전자기기 설치·수리원
8322 가전제품 설치·수리원
8329 기타 전기·전자 기기 설치·수리원

833 발전·배전 장치 조작원
8330 발전·배전 장치 조작원

834 전기·전자 설비 조작원
8340 전기·전자 설비 조작원

835 전기·전자 부품·제품 생산기계 조작원
8351 전기 부품·제품 생산기계 조작원
8352 전자 부품·제품 생산기계 조작원

836 전기·전자 부품·제품 조립원
8360 전기·전자 부품·제품 조립원

84 정보통신 설치·정비직
841 정보 통신기기 설치·수리원
8411 컴퓨터 설치·수리원
8412 이동전화기 수리원
8419 기타 정보 통신기기 설치·수리원

842 방송·통신장비 설치·수리원

8421 방송장비 설치·수리원
8422 통신장비 설치·수리원
8423 방송·통신·인터넷 케이블 설치·수리원

85 화학·환경 설치·정비·생산직

851 석유·화학물 가공장치 조작원
8511 석유·천연가스 제조 제어장치 조작원
8512 화학물 가공장치 조작원
8519 기타 석유·화학물 가공장치 조작원

852 고무·플라스틱 및 화학제품 생산기계 조작원 및 조립원
8521 타이어·고무제품 생산기계 조작원
8522 플라스틱제품 생산기계 조작원
8523 화학제품 생산기계 조작원(고무·플라스틱 제외)
8524 고무·플라스틱 제품 조립원

853 환경관련 장치 조작원
8531 상·하수도 처리장치 조작원
8532 재활용 처리장치·소각로 조작원

86 섬유·의복 생산직

861 섬유 제조·가공 기계 조작원
8611 섬유 제조기계 조작원
8612 직조기·편직기 조작원
8613 표백·염색기 조작원

862 패턴사, 재단사 및 재봉사
8621 패턴사
8622 재단사
8623 재봉사
8629 기타 섬유·가죽 기능원

863 의복 제조원 및 수선원

8631 한복 제조원

8632 양장·양복 제조원

8633 모피·가죽의복 제조원

8634 의복·가죽·모피 수선원

8639 기타 의복 제조원

864 제화원, 기타 섬유·의복 기계 조작원 및 조립원

8641 제화원

8642 신발 제조기계 조작원 및 조립원

8643 세탁 기계 조작원

8649 기타 직물·신발 기계 조작원 및 조립원

87 식품 가공·생산직

871 제과·제빵원 및 떡제조원

8711 제과·제빵원

8712 떡 제조원

872 식품 가공 기능원

8721 정육원 및 도축원

8722 김치·밑반찬 제조 종사원

8723 식품·담배 등급원

8729 기타 식품 가공 종사원

873 식품 가공 기계 조작원

8731 육류·어패류·낙농품 가공기계 조작원

8732 제분·도정 기계 조작원

8733 곡물 가공제품 기계 조작원

8734 과실·채소 기계 조작원

8735 음료 제조기계 조작원

8739 기타 식품 가공 기계 조작원

88 인쇄·목재·공예 및 기타 설치·정비·생산직

881 인쇄기계·사진현상기 조작원

8811 인쇄기계 조작원

8812 사진 인화·현상기 조작원(사진수정 포함)

882 목재·펄프·종이 생산기계 조작원

8821 목재 가공기계 조작원

8822 펄프·종이 제조장치 조작원

8823 종이제품 생산기계 조작원

8829 기타 목재·종이 기계 조작원

883 가구·목제품 제조·수리원

8831 가구 제조·수리원

8832 가구 조립원

8833 목제품 제조원

884 공예원 및 귀금속 세공원

8841 공예원

8842 귀금속·보석 세공원

885 악기·간판 및 기타 제조 종사자

8851 악기 제조원 및 조율사

8852 간판 제작·설치원

8853 유리기능, 복사, 수제 제본 등 기타 기능 종사원

8859 주입·포장·상표부착기 및 기타 기계 조작원

89 제조 단순직

890 제조 단순 종사자

8900 제조 단순 종사원

9. 농림어업직

90 농림어업직

901 작물재배 종사자

9011 곡식작물 재배원

9012 채소·특용 작물 재배원

9013 과수작물 재배원
9014 원예작물 재배원
9015 조경원

902 낙농·사육 종사자
9021 낙농 종사원
9022 가축 사육 종사원
9029 기타 사육 종사원

903 임업 종사자
9031 조림·산림경영인 및 벌목원
9039 임산물 채취 및 기타 임업 종사원

904 어업 종사자
9041 양식원
9042 어부 및 해녀

905 농림어업 단순 종사자
9050 농림어업 단순 종사원

참고문헌

○『주역의 과학과 道』
　이성환·김기현
　정신세계사

○『글로벌 리더를 위한 폴리태극리더십 프로그램』
　김홍래
　도서출판 야전

○『의식혁명』
　데이비드 호킨스/백영미
　판미동

○『음양이 뭐지?』
　정창선·어윤형
　와이겔리

○『성공의 7번째 센스 자존감』
　나다니엘 브랜든/고빛샘
　비전과 리더십

워크북

태극을 통한 자존감 회복

초판 1쇄   2018년 03월 09일

지은이   김홍래
발행인   김재홍
마케팅   이연실

발행처   도서출판 지식공감
등록번호   제396-2012-000018호
주소   경기도 고양시 일산동구 견달산로225번길 112
전화   02-3141-2700
팩스   02-322-3089
홈페이지   www.bookdaum.com

가격   7,000원
ISBN   979-11-5622-355-9 53370